从一元转向多元
——民间艺术保护的协同机制与合作模式研究

杨 帆——————著

FROM UNIVARIATE TO DIVERSIFIED
—RESEARCH ON THE COLLABORATIVE MECHANISM AND COOPERATION MODE OF FOLK ART PROTECTION

中国轻工业出版社

图书在版编目（CIP）数据

从一元转向多元：民间艺术保护的协同机制与合作模式研究 / 杨帆著. --北京：中国轻工业出版社，2025. 7. -- ISBN 978-7-5184-5271-2

Ⅰ. J12

中国国家版本馆CIP数据核字第202430F9B8号

责任编辑：毛旭林

文字编辑：梁若水　　责任终审：高惠京　　设计制作：锋尚设计

策划编辑：毛旭林　梁若水　　责任校对：朱　慧　朱燕春　　责任监印：张京华

出版发行：中国轻工业出版社（北京鲁谷东街5号，邮编：100040）

印　　刷：三河市万龙印装有限公司

经　　销：各地新华书店

版　　次：2025年7月第1版第1次印刷

开　　本：889 × 1194　1/16　印张：12.5

字　　数：300千字

书　　号：ISBN 978-7-5184-5271-2　定价：79.80元

邮购电话：010-85119873

发行电话：010-85119832　010-85119912

网　　址：http://www.chlip.com.cn

Email：club@chlip.com.cn

241134W3X101ZBW

前 言

民间艺术是我国优秀传统文化的重要组成部分，不仅促进了传统价值观念的传承与延续，更为经济发展与社会和谐注入了源源不断的活力与智慧。如何构造科学合理的保护模式，针对不同的民间艺术开展精确、有效的保护工作，正在成为社会各界思考的重心。当下，我国民间艺术的保护模式逐渐由政府主导型转化为多元主体协同参与型，即民间艺术的保护工作不再是政府直接主导，而是国家、地方政府、企业、社会精英、村民等多元主体协同参与。在多元主体的密切联系与互补合作下，一些历史悠久、底蕴深厚且具有浓厚地方特色的民间艺术得到了有效保护。然而，在保护工作卓有成效的同时，这种由多元主体共同实践的保护模式也产生了许多新的问题与矛盾，例如各主体责任不明、主体之间利益失衡、民间艺术形式变异等。眼下，民间艺术保护形势依然严峻，对民间艺术保护中的多元主体协同机制及合作模式进行积极探索及系统研究是一个迫切需要解决的问题。

笔者一直致力于民间艺术的传承与保护研究。2014—2019年，笔者在攻读人类文化遗产学专业博士学位期间，研究方向即为传统村落文化研究。求学期间，作者多次进入传统村落地区、少数民族地区，对当地多个民间艺术项目的保护及开发情况进行田野考察。在田野考察中，笔者发现许多乡村地区的民间艺术保护工作是由不同的主体协同参与完成，相互牵制，相互配合，共同推动着保护工作的顺利进行。通过长时间、多次数的实地跟踪调研，笔者获得了大量关于“多元主体参与民间艺术保护与发展”的第一手资料，从而整理发表了13篇学术论文（其中核心论文5篇）。在本书中，笔者以前期学术研究为基础，针对多元主体协同参与民间艺术保护模式等问题，扩大调查面，加大调查力度，从而展开深入、全面、系统的研究。

经过近三年的资料整理及撰写，本书于2024年6月完成。笔者从多元主体视角，对民间艺术保护中的多元主体协同机制及合作模式进行了积极探索及系统研究。具体而言，本书跳出了传统的线性研究思路，以大量田野材料为基础，从社会组织网络和策略博弈角度，研究国家、地方政府、企业、社会精英、村民等多元主体在民间艺术保护工作中的角色、动机、行为以及参与保护工作后的成效、问题，最终尝试构建了一个多元主体参与民间艺术保护实践的协同机制及工作模式。本书总结的协同参与机制及合作模式，可以为国家相关部门制定及完善民间艺术的保护政策及发展项目提供参考和建议，可以为更多地区多元主体参与民间艺术保护工作提供有益样本与经验借鉴。此外，本书对于保护进程中艺术主体、权力及资本关系的研究，可以丰富学界对于艺术功能、文化资本、现代化等理论的本土化释义。

目　录

1 第一章 绪论

第一节 研究背景及概念界定

民间艺术是我国丰富多彩的文化宝库，它不仅是历史文化的见证，更是人民智慧和创造力的结晶。从古至今，民间艺术一直蕴含着表达、沟通和娱乐等重要功能。可以说，它不仅仅是一种艺术形式，更是一种生活方式、一种文化传统的延续。尤其是在当今文化多样性追求和文化认同强化的背景下，民间艺术更显得独具魅力，成为人们心灵深处的精神家园。

然而，随着现代化进程的推进和社会变革的加速，一些民间艺术项目面临着失传、衰落甚至消失的风险。城市化、工业化、市场化的快速发展导致了传统生活方式和价值观念的变迁，一些民间艺术项目逐渐失去了生存土壤和传承环境。同时，新型娱乐方式的兴起、经济利益的考量等因素也使得一些传统艺术形式面临着市场竞争的挑战，难以为继。随着社会的不断进步和民众文化素养的提高，对民间艺术的关注和认可也在不断增强。人们逐渐意识到民间艺术所蕴含的独特魅力、丰富价值以及危机处境，开始积极参与民间艺术保护、传承和发展工作。如何建立科学合理的保护机制，对不同类型的民间艺术项目进行精准有效的保护工作，已成为社会各界共同关注的问题。

开展研究及提出观点之前，需要面临一个概念问题：何谓民间艺术？具体包括哪些内容？笔者发现学术界对民间艺术的概念界定涉及多个角度的考量，其中主要为以下两个角度。

其一，对应官方、学院派，强调民间艺术的“民间”属性。民俗学家钟敬文在20世纪30年代即开始关注民间艺术，并将其列入民俗学范畴进行观察与研究。钟敬文认为：“民间艺术是在社会中、下层民众中广泛流行的音乐、舞蹈、美术、戏曲等艺术创造活动。”[1]在概念中，对于“民间”，钟敬文界定为“社会中、下层民众”，并补充到“民间，顾名思义，是指民众中间。它对应官方而言。概而言之，除统治集团机构之外，都可称作民间。它

1 钟敬文. 民俗学概论［M］. 上海：上海文艺出版社，1998：327.

的主要组成部分，是直接创造物质财富和精神财富的广大中、下层民众。”[1]之后，学者们沿用这一概念，仅作了部分补充。例如王衍军认为：“民间艺术是指由劳动人民直接创造的，反映底层民众对生活的认识感受、表达民众的审美观点并在他们之中广泛流传、世代沿袭的艺术。”[2]张如画、吴琼、余娟等指出：“‘民间艺术’是针对学院派艺术、文人艺术的概念提出来的，是艺术领域分类中的一项。民间艺术是劳动者为满足自己的生活和审美需求而创造的艺术，其以天然材料为主，就地取材，以传统的手工方式制作，带有浓郁的地方特色和民族风格，与民俗活动密切结合，与生活密切相关。”[3]可以看到，学者们将民间艺术视为民众的生活方式，因此将民间艺术纳入民俗学领域，以全面地认识和解释一个群体的文化传统、价值观念和社会结构。这不仅丰富了民俗学的研究内容，还有助于从“民间”角度认识、保护和传承这些民间艺术项目。

当然，对于“民间”的定义，也会随着时代的不同而发生转变。在传统社会，陶思炎指出民间艺术“系相对于宫廷艺术、官府艺术等上层艺术而言的下层艺术，作为一种空间性的概括，它强调创作与应用视域的下层性，而不强调艺术活动和艺术作品本身的传承因素。其类型与作品既包括来自传统的成分，又包括各种民间的新创，甚至还包括庶民中非群体的个人创作，诸如邮票剪贴、种子拼贴、包装袋编结、易拉罐饰物等等”[4]。可见，陶思炎将民间艺术理解为相对于“宫廷艺术、官府艺术”而存在的艺术形式。当今社会，传统宫廷及贵族艺术开始淡化，学者将民间艺术与学院派艺术或专业艺术进行区分，从而产生符合时代背景的定义。徐赣丽认为：“民间艺术，通常是指不同于学院派艺术或专业艺术的，在日常生活中耳濡目染或师徒传承、非专门化的艺术形式。”[5]田特平认为：“民间艺术是针对学院派艺术、文人艺术的概念提出来的。”[6]

1　钟敬文．民俗学概论［M］．上海：上海文艺出版社，1998：2.

2　王衍军．新编中国民俗文化［M］．广州：暨南大学出版社，2022：325.

3　张如画，吴琼，余娟，等．装饰图案［M］．北京：中国青年出版社，2020：109.

4　陶思炎．论民俗艺术学的研究［J］．东南大学学报（哲学社会科学版），2008（1）：75.

5　徐赣丽．民间艺术的当代变迁——以手工艺为中心［J］．民族艺术，2019（6）：50-58.

6　田特平．湘西民间艺术概论［M］．长沙：湖南师范大学出版社，2013：3.

可见，学者们普遍考虑到了民间艺术的“民间”创作背景、表现形式和社会地位，将其与传统宫廷艺术、贵族艺术及学院派艺术进行区分，从而形成了诸多以“民间”为背景的民间艺术研究成果。

其二，重视存在形态及其审美价值，强调民间艺术的“艺术”属性。其中，一些教材类、词典类著作普遍从艺术视角对民间艺术进行概念界定。例如《中国民间美术》中表述：“在传统民间艺术中，从器物到服装，从生活用品到住宅，几乎所有的内容都是手工艺造就的，有着自己独特而完整的文化系统。”[1]《工艺美术词典》中表述：民间艺术“是指劳动人民在日常生活中，为了抒发思想感情，寄托希望和理想，表示庆贺和祝愿，或出于实用与审美的需要所创造的音乐、舞蹈、戏曲、说唱、杂技、手工艺等长期以来在民间广泛流传的艺术”[2]。目前，一些学者从狭义的角度来界定民间艺术，认为民间艺术是存在于民间的音乐、舞蹈、美术、文学故事等内容。张道一长期开展民间艺术的理论研究，他指出：“‘民间艺术’一词，既可统指民间的美术、音乐、舞蹈、戏曲、杂耍等，也可专指美术。”[3]之后韩超对张道一学术思想进行研究时有补充：“‘民间艺术’应是实用功能与审美功能相结合的艺术形式，既包含以审美意义为主的造型艺术，亦囊括民间实用艺术或传统民间工艺美术的部分。”[4]这些学者从艺术学视角来理解，认为“民间艺术是艺术领域中的一项分类，是由一个或几个民族或种族等群体集体创作，经世代相传不断发展而形成的文化现象，它是一个包括神话、史诗、传说、舞蹈音乐、戏剧、曲艺、工艺美术和带有原始艺术浓厚特色的岩画及歌舞乐三位一体的综合形态在内的构成系统，主要包括音乐、行为以及物化等表达形式”[5]。

此外，还有诸多学者也对民间艺术的概念进行了深入的分析和探讨，并从不同的角度提出了各自的理解和观点。虽然在具体细节上可能存在一定差异，但学界对民间艺术特征基本达成了共识，具体如下：其一，地域性。民间艺术常常受到当地环境、历史、文化和民俗的影响，具有明显的地域特

1 徐丽，王佳誉. 中国民间美术［M］. 武汉：武汉理工大学出版社，2024：122.

2 中央工艺美术学院. 工艺美术词典［M］. 哈尔滨：黑龙江人民出版社，1988：3.

3 张道一. 张道一文集［M］. 合肥：安徽教育出版社，1999：529.

4 韩超. 张道一学术思想研究［M］. 北京：文化艺术出版社，2020：129.

5 田特平. 湘西民间艺术概论［M］. 长沙：湖南师范大学出版社，2013：3.

色。我国地域广阔、民族众多。不同地区的自然环境和民族文化，深深影响着民间艺术的样式和品类，使其呈现出独特的地域风格和表现形式。其二，传承性。民间艺术普遍有着极为稳定的传承性，因而被称为民俗文化的“活化石”。民间艺术往往通过口口相传、师徒传授等方式将丰富的历史和人文信息传承下来。正如徐赣丽的总结：“民间艺术大多有着数代稳定传承的特性，在一些偏远的地区，甚至保留有传承几百上千年的民间艺术形态。我国漫长的封建社会具有超强稳定的内部机制，酿生并传承于此环境中的传统民间艺术，受农耕文明生活方式影响，其价值和功能及基本审美风格都有很强的因袭保守性，通常不会轻易改变，而保持着世代相承的稳定性。”[1]其三，创造性。民间艺术之所以生机勃勃，是因为参与者展现了强大的创造力。在漫长的历史中，各个参与者充分发挥智慧，不断更新形式与内容，使民间艺术充满活力。如今，随着时代的发展，民间艺术不断被创造出新的形式，其功能和价值得到充分体现。“它必将随历史的变迁和民族审美意识的演变而演变。民间艺术在不同时代有着不同的多种形态，一个发展着的民间艺术不存在永恒不变的‘民间风格’。”[2]可以说，民间艺术在文化多元化中不断融合与发展，这种反复的创造成为人类文明的连续体。其四，经济性。民间艺术是参与主体在追求生存和审美需求时，通过艺术创作形成的物质和精神产品。然而，随着社会经济的发展，民间艺术的展演、产品等各个载体逐渐进入市场，展现出一定的经济价值。尤其是在文旅融合的背景下，一些乡村、少数民族地区充分挖掘民间艺术的经济价值，使其成为推动地方经济增长的工具。

通过对前人研究以及当前民间艺术特征的整理，本书所关注的民间艺术即是与当前官方、学院派以及规范化的艺术存在差别，源自人民群众生活和创造活动中的一种具有地域性、传承性、创造性及经济性特征的艺术表现形式。它扎根于普通民众的日常生活、劳动实践和精神追求，曾是民众自发创造、传承并发展起来的文化形式。考虑到时代背景以及艺术发展规律，本书所关注的范围不仅限于表演、美术、戏曲、说唱、杂技和手工艺等传统民间艺术形式，还涵盖网络艺术、数字艺术、实验艺术等新兴形式。

1　徐赣丽．民间艺术的当代变迁——以手工艺为中心［J］．民族艺术，2019（6）：50-58.

2　盛希希．浅论民间艺术的现代性［J］．文艺评论，2012（5）：118.

在研究对象确定后，笔者认识到我国民间艺术的保护模式逐渐由民间参与型、政府主导型转化为多元主体协同参与型，即民间艺术的保护及发展工作不再是封闭环境中由民众单独创作的，也不是由政府直接主导的，而是国家、地方政府、企业、社会精英、村民等多元主体协同参与推动的。具体而言，笔者在田野考察中发现，许多乡村地区、少数民族地区的一些民间艺术项目的保护与发展工作是由不同的主体协同参与完成。多方力量相互牵制，相互配合，共同推动着保护与发展工作的顺利进行。在多元主体的密切联系与互补合作下，一些历史悠久、底蕴深厚且具有浓厚地方特色的民间艺术项目得到了有效保护。然而，在保护工作卓有成效的同时，这种由多元主体共同实践的保护模式也产生了许多新的问题与矛盾，例如各主体责任不明、主体之间利益失衡、民间艺术形式变异等。眼下，民间艺术保护形势依然严峻，对民间艺术保护中的多元主体协同机制及合作模式进行积极探索及系统研究是一个迫切需要解决的问题。在这一背景下，本书将从多元主体视角，通过“问题意识+实地调研+理论提升+研究拓展”的路径对民间艺术保护中的多元主体协同机制及合作模式进行系统研究及经验总结。

第二节 研究综述

在人文社会科学领域，民间艺术一直是众多研究者较为关注的研究对象。首先，一些研究者视民间艺术为一种具有艺术性特征的创造活动，因此从艺术学角度深入理解和系统分析民间艺术的表现形式、审美特征、结构语言及内涵价值。其次，一些研究者们认为民间艺术承载着丰富的历史文化内涵和地方特色信息，是文化传承和延续的重要载体。它展现了不同地域、民族和时代背景下的独特文化风貌和生存观念。因此，这些研究者深入了解民间艺术项目背后的历史、地域和时代特色，探索其传承和发展的内在文化规律。再次，一些研究者将民间艺术理解成人类情感、信仰和认同的重要表达方式，认为民间艺术承载了丰富的情感和情绪，是人们交流、共鸣和认同的桥梁。因此，研究者们通过符号学、逻辑学等方法揭示其背后的文化符号和象征意义，进而理解人类的情感世界和身份认同。然而，艺术研究从20世纪中期以来陆续遭到了激烈碰撞和反思，其中之一就是不再关注于艺术本身，改而偏向从实践主体的视角去理解其内容及含义。在这样的学术革新中，民间艺术及其背后的实践主体被研究者关注。随着研究的推进，研究者开始认识到民间艺术的参与主体不再是传统认知中的当地人，国家、地方政府、企业等外来主体纷纷介入民间艺术的保护与发展工作，并对民间艺术形态、内容、功能及内涵等方面产生着不同程度的影响。对此，诸多学者从更为多元的主体视角，对民间艺术的内容、活动及变化进行观察与探索。

一、从某一主体视角展开的民间艺术考察与研究

1．国家主体视角

近年来，“国家与地方”理论成为学术界关注的焦点之一，尤其是“国家在场”理论备受瞩目。在这一理论框架下，诸多学者发现许多民间艺术的发展轨迹都受国家政策、资源、组织、宣传和教育等多个方面的影响，因此将民间艺术放置于国家关注的背景下展开考察与研究。

一些学者选择对具体的民间艺术个案展开研究，即通过深入挖掘个案背后的现象、细节和情境，从而全面地理解国家对民间艺术传承与发展的作用及影响。张振涛发现，在20世纪50年代，地方民间文化资源在国家的动员下被大规模调动。[1]许多艺人的地位在国家对民间艺术的认可情况下发生改变。张振涛认为，这些变化充分体现了国家的影响力，成为20世纪中国民间文化向艺术化、现代化、城市化转变的重要途径。胡亮通过研究观察到，中华人民共和国成立初期的黄山庙会得到政府的密切支持，使其成为国家意志在民众生活中的体现。[2]民间吹打乐班承办庙会，通过激情演出将国家意志融入其中，使民众感受到国家的存在并认可其权威。最终，吹打乐班也成为传播国家意志的载体。萧璇通过观察国家如何将花儿融入庙会的现象，尝试总结

1　张振涛．民间文艺汇演的历史反思——保护民间音乐的一项措施［J］．中央音乐学院学报，2008（3）：32-37.

2　胡亮．新中国成立初期民间艺术团体中的国家在场——以黄山上九庙会为例［J］．江西社会科学，2016（12）：181-185.

了国家对汉、藏音乐进行融合与再造的手段。萧璇强调了中国民间音乐“国家化”的历史脉动，以及“礼”与“浪”、“雅”与“俗”、日常与节庆、官府与民间、中央与地方、现在与传统之间的互动与张力对花儿的深远影响。[1]李龙以王文坤的皮影艺术与人生为例，观察文化政治话语中的民间艺术的改造、认可及发展，从而探析民间文化与政治、国家与民间社会的互动关系。[2]王玲从国家视角观察了祁太秧歌的发展。[3]具体而言，王玲研究了其历史上两次国家介入：中华人民共和国成立初期的“戏改政策”和21世纪初的“‘非遗’保护运动”，并分析了国家在祁太秧歌传承与发展中的作用。应杰与吴海清对迎接中华人民共和国成立而创作的大型歌舞作品《人民胜利万岁》中国家与民间艺术的现代性背景进行研究。[4]应杰与吴海清认为，这件作品是民间歌舞艺术首次系统建构现代国家形象的里程碑，标志着民间艺术开始成为中国现代文化主体，也成了国家文化对民间艺术系统改造的开端。

2003年，国家批准《保护非物质文化遗产公约》，正式通过立法和政策的形式对各类非物质文化遗产进行保护。诸多民间艺术项目入选了国家级、省级、市级非物质文化遗产名录，其申报、入选、发展等问题得到了学术界的重点关注。麻国庆、朱伟观察到，在21世纪，国家通过开展非物质文化遗产的保护与传承的行动，为民间文化提供了生存及发展机会。[5]对此，麻国庆、朱伟根据所收集的资料，思考了民间文化如何被革命和国家话语所重构，民间文化如何以非物质文化遗产身份进入国家话语体系等问题。朱咏北将研究置于非物质文化遗产保护的视野下，使用多种方法探讨了湖南各个地区花鼓戏的发展、传统剧目、表演特色、传承情况、面临的困境和保护

1　萧璇．国家视野下的民间音乐——花儿音乐的人类学研究［M］．北京：社会科学文献出版社，2013：2.

2　李龙．文化政治话语中的民间艺术——以王文坤的皮影艺术与人生为例［J］．四川戏剧，2016（11）：101-103.

3　王玲．“国家在场”视域下祁太秧歌的传承发展［J］．音乐创作，2017（4）：128-130.

4　应杰，吴海清．民间话语与人民国家的形象建构——大型歌舞《人民胜利万岁》中国家与民间艺术的现代性［J］．解放军艺术学院学报，2011（2）：83-85.

5　麻国庆，朱伟．社会主义新传统与非物质文化遗产研究［J］．开放时代，2014（6）：153-167，8.

策略。[1]殷无为以傀儡戏为例，对民间艺术“非遗”保护双重影响下的现状及问题进行研究。[2]殷无为认为，在“非遗”保护的环境下，傀儡戏一方面得到了社会各界的关注和支持，呈现出复兴的趋势；另一方面，过度强调其“非遗”属性导致傀儡戏被简单地定义为民俗文化，从而限制了其发展空间。殷无为认为厘清傀儡戏的民俗与艺术特性，在“非遗”的视角下促进其艺术属性的发展，是解决发展瓶颈的有效途径。季中扬指出，在“遗产化”背景下，民间艺术面临着审美取向的困境。[3]因现代艺术世界的话语和体制并不容易接纳民间艺术，民间艺术理论研究者需要建立合适的话语体系，为民间艺术在现代艺术世界中争取更合适的位置，而非鼓励民间艺术简单趋同于“纯艺术”。魏爱棠通过广泛参阅相关报告、文件和田野工作，呈现了泉州提线木偶戏数十年来的发展规律。[4]魏爱棠明确了遗产环境和持有者对于遗产认同的影响，为提线木偶戏的发展和保护提供了理论思考。此外，魏爱棠还提出了创造遗产与日常生活有机结合的遗产保护方法，对中国非物质文化遗产保护工作具有参考价值。崔鸿飞运用人类学方法对秀山花灯进行了深入的考察，旨在探究从民间艺术到非物质文化遗产这一转变过程中，秀山花灯的“意义”是否发生了转变。[5]毛巧晖观察到，非物质文化遗产保护的兴起，民俗艺术在存在形态和学术认知方式上发生了明显变化，其相关学术研究也在不断转换研究方法与理论范式。[6]杨静、唐经伟对“非物质文化遗产保护”语境下的巴蜀民间艺术的发展问题进行观察，并探索巴蜀民间艺术在新语境下的内涵、价值及发展路径。[7]穆特拜尔·库热西观察到各地民间音乐成为“非遗”保护工作之一，并逐渐融入经济和旅游领域，形成产业化趋

---

1 朱咏北．非遗保护视野中的湖南花鼓戏研究［M］．南京：东南大学出版社，2020：2.

2 殷无为．“非遗”视野下傀儡戏的发展障碍和艺术属性回归［J］．文化遗产，2020（4）：23-29.

3 季中扬．“遗产化”过程中民间艺术的审美转向及其困境［J］．民族艺术，2018（2）：53-58，64.

4 魏爱棠．加礼的记忆：泉州提线木偶戏的遗产认同研究［M］．北京：北京大学出版社，2015：242.

5 崔鸿飞．从民间艺术到文化遗产——秀山花灯的人类学考察［D］．北京：中央民族大学，2011.

6 毛巧晖．非物质文化遗产语境下民俗艺术研究之嬗变［J］．民族艺术，2020（4）：47-54.

7 杨静，唐经伟．非物质文化遗产保护语境下的巴蜀民间艺术［J］．中华文化论坛，2012（4）：155-159.

势。[1]穆特拜尔·库热西以哈密市非物质文化遗产保护中心的展演为例，探讨了“非遗”保护背景下展演空间的结构和社会意义，以及民间艺术在现代社会中的角色调整。陈龙观察到，湘南木雕在“遗产化”过程中成为国家非物质文化遗产，并产生了一系列变化。[2]具体表现为：遗产尺度从内部边界转向公共地域；文化主体分化，代表性传承人上升到社会阶层，普通工匠被排除在“非遗”圈外；传承方式从家族制扩展为社会和院校多元传承；代表性传承人的市场影响扩大，创作方向由地方需求向精英阶层需求转变，使湘南木雕从世俗转向高度艺术化。杜冬梅对国家级非物质文化遗产——秀山泥塑进行研究后发现，虽然秀山泥塑在入选“非遗”后获得了政府大力支持，并取得一定成效，但是由于受制于传统工艺观念，其发展面临创新和进步的困境。[3]杜冬梅认为，应从秀山泥塑的艺术特征出发，探讨了其在数字化时代的发展与生存状况。此外，王俊义、徐新民对非物质文化遗产视野下的二人台艺术的生存与传承进行研究，[4]戚序、王海明以重庆铜梁扎龙世家为例对非物质文化遗产代表性传承人生存环境进行观察与研究。[5]此类研究众多，在此不一一列举。可见，诸多学者就非物质文化遗产学与民间艺术的保护与研究现状、热点及趋势进行了详细探讨。在结论部分，学者们普遍肯定了“非遗”对民间艺术保护的积极作用。

除非物质文化遗产保护工作之外，部分学者还对国家艺术基金、“一带一路”、全国美展等其他国家战略及行动展开了考察与研究。周梅和刘兴全以国家社科基金艺术学项目为基础，研究了2010—2019年间立项的西部少数民族民间美术的项目。他们分析了项目类型、负责人和单位，以及项目名称

1 穆特拜尔·库热西．“被定位”的艺术：展演空间中的民间音乐——基于哈密市非遗中心展演的人类学研究［J］．青海民族研究，2022（1）：125-131.

2 陈龙．“遗产化”过程中的工匠圈层更迭与意义生产——以“湘南木雕”为例［J］．民族艺术，2023（1）：72-81.

3 杜冬梅．秀山泥塑的文化特征及其影像化生存［J］．中华文化论坛，2014（1）：111-116.

4 王俊义，徐新民．非物质文化遗产视野下的二人台艺术的生存与传承［J］．前沿，2011（21）：192-195.

5 戚序，王海明．对非物质文化遗产传承人生存环境的思考——以重庆铜梁扎龙世家为例［J］．西南大学学报（社会科学版），2011（3）：111-116.

中的高频词。[1]研究显示，2010—2019年间这类项目不断增加，这与国家政策密切相关。秦景观察到，在国家“一带一路”背景下，创新跨文化传播战略有助于提升广西民间艺术的国际影响力，促进国际人文交流和文化融合。[2]杨传杰、唐家路从全国美展视角，观察年画艺术在国家展览中创作观念、形态样式及风格语言的变化。[3]杨传杰、唐家路的研究，间接总结了民间美术在国家话语建构与选择中的内在发展脉络和演变逻辑。

经过大量个案式材料分析，一些学者开始尝试总结国家与民间艺术之间的规律及问题。张士闪认为从20世纪初到70年代，乡民艺术经历了一个被抽象化、工具化与符号化的过程。[4]在这个过程中，其政治价值得到了充分开发，然而，其主体意识却长期被遮蔽。项阳从传统国家的视角展开边地和少数民族音乐文化的研究。[5]项阳考察了当下音乐活动，从历时和共时的角度看待国家用乐对区域文化的影响。项阳的研究综合考察了国家在音乐文化中的作用，有助于更深入地了解华夏传统音乐文化。董名杰意识到，面对传统道德与现代政治的矛盾，民间艺术成为国家和知识阶层重建国民道德的本土资源和理性工具。[6]董名杰通过研究指出在弘扬民间艺术的德育传统基础上，知识阶层通过现代理论构建民间艺术的道德启蒙功能，使之在个人道德修养和社会伦理方面重塑国民道德。

可以看到，通过学者们的研究，更好地理解了国家在民间艺术领域的运作机制和效果，为制定更具针对性的政策和有效的资源支持提供参考和借鉴。其中，一些资料翔实、思路清晰的个案研究有助于深化民间艺术与国家

---

1 周梅，刘兴全．近十年西部少数民族民间美术研究的发展态势与思考——基于2010—2019年国家社科基金艺术学项目的统计分析［J］．民族学刊，2021（9）：93-100，124.

2 秦景．“一带一路”背景下的广西民间艺术跨文化传播存在的困境及路径优化［J］．新闻文化建设，2022（11）：12-14.

3 杨传杰，唐家路．从民间到国展：历届全国美展年画艺术的形态变迁［J］．民族艺术研究，2023（4）：115-123.

4 张士闪．从参与民族国家建构到返归乡土语境——评20世纪的中国乡民艺术研究［J］．文史哲，2007（3）：17-28.

5 项阳．少数民族音乐研究的理念与视角——国家与民族共时与历时［J］．民族艺术研究，2023（1）：88-99.

6 董名杰．民国民间艺术的“重新发现”与国民道德重建［J］．齐鲁师范学院学报，2021（4）：100-109.

政策互动关系的理论认识，为民间艺术保护与发展提供更系统、更深入的思考和探索。

2．地方政府主体视角

近年来，作为基层治理机构的地方政府，被诸多学者视为民间艺术保护的主体之一。学者通过深入调研地方政府的行动，更好地认识了民间艺术的保护和传承工作。黄波观察到，地方政府借助体制内资源，通过建立在正式关系基础上的非正式关系网络，从上至下为彩灯艺术发展提供了必要的资源支持。[1]张玉琳对恩施土家族苗族自治州的考察，观察到该州文化和旅游局将民间艺术纳入四级公共文化服务网络，以促进基层文化建设。[2]张玉琳研究民间艺术融入基层文化服务，探索了民间艺术在现代社会的价值，以助推美丽乡村振兴。马志飞研究了地方政府参与下的民间曲艺活动，发现激励机制呈现出官民结合的运行方式和竞争性的操作机制。[3]这种模式推动了民间曲艺出现了新的发展态势，包括聚众共生、上移式扩展和三极并立等现象。刘柯瑾选取晋中文化生态保护区作为个案进行深入调研及实地走访，从而尝试总结地方政府在“非遗”保护工作中的职能、指导原则及角色定位，并挖掘晋中市政府在“非遗”保护中存在问题及成因。[4]熊秋萍以传播学、民俗学和符号学理论为基础，结合恩施土家族苗族自治州政府的实践，对其传播活动进行了深入分析。[5]她认为恩施土家族苗族自治州政府的传播活动展示了文化自觉和传播视野，提升了土家族民众的文化认同感和归属感，增进了外界对该州土家族文化的了解。李煞对省、区、州、县地方政府，以及文化

1 黄波．文化认同与社会网络：转型期民间艺术的发展路径——以自贡彩灯艺术为个案［D］．上海：上海大学，2009.

2 张玉琳．民间艺术融入基层公共文化服务的机制研究——基于对恩施州的考察［D］．恩施：湖北民族大学，2023.

3 马志飞．马街书会民间曲艺活动的社会机制研究（1979—2007）［D］．福州：福建师范大学，2008.

4 刘柯瑾．非物质文化遗产保护中政府管理行为研究——以晋中文化生态保护区为例［D］．南京：南京艺术学院，2016.

5 熊秋萍．制度、内容、媒介：恩施州政府土家族民俗文化传播活动研究［D］．锦州：渤海大学，2018.

局、民委、办事机构等部门在民间艺术挖掘及展演工作进行观察与论述。李煞指出，地方政府的付出，“不仅使会演在短短的4个月中就选拔出了多个丰富多彩、极具地区特点的节目，还涌现了一批具有较高艺术水平的优秀人才，发现了大量像‘浩特格沁’这样优秀的传统艺术形式”。[1]朱乐对“非遗”文化传承下的声腔艺术进行调查与研究后，指出应强化地方政府的责任意识、自觉意识及主体意识。[2]谢兴华以巴塘弦子为例，探讨了地方政府主导保护少数民族非物质文化遗产的重要性。[3]谢兴华分析了地方政府在保护中的作用、方式、成就和不足，并提出了一些促进巴塘弦子等民间艺术保护的方法和建议。黄益军以杭州、苏州、景德镇成功申请“手工艺与民间艺术之都”的经验为例，总结了地方政府在申创过程中的角色定位。[4]黄益军提出了申创的动态机制，并建议其他城市可以借鉴这三个城市的经验，明确政府在申创过程中的角色，以期为未来的成功申创提供借鉴。刘卫红、彭小希、况成泉以重庆民间舞蹈文化遗产为例，论述了地方政府对当地民间艺术开展的导向性抢救保护等多项抢救性保护措施。[5]

在一些地区，许多地方政府将民间艺术视为推动地方文化旅游经济的重要引擎。具体而言，一些地方政府以“文化搭台，经济唱戏”的方式，通过开展文化旅游活动，推动地方经济发展。这不仅可以促进旅游业的繁荣，还能够加强市场活力，推动地方对外交流与合作，提升地方在国内外的知名度和形象地位。地方政府将民间艺术运用于旅游开发的行为，引起了一些学者的关注。陈振兴和张玉蓉指出，民艺文化在推动地方旅游产业发展中扮演着重要角色。[6]然而，目前民艺文化与地方旅游产业融合不够紧密，主要是因

---

1 李煞. 华灯下的田野——少数民族文艺会演研究［M］. 北京：中国传媒大学出版社，2009：30.

2 朱乐. 钱塘余韵——非遗文化传承下的声腔艺术研究［M］. 北京：中国书籍出版社，2023：158.

3 谢兴华. 论地方政府在保护少数民族非物质文化遗产中的主导作用——以巴塘弦子为例［D］. 北京：中央民族大学，2011.

4 黄益军. 联合国“手工艺与民间艺术之都”申创中政府角色定位——以杭州、苏州、景德镇为例［J］. 创意城市学刊，2021（2）：103-111.

5 刘卫红，彭小希，况成泉. 寻根传舞——重庆舞蹈文化遗产的保护与传承［M］. 北京：北京理工大学出版社，2015：51.

6 陈振兴，张玉蓉. 民艺文化为地方旅游“添砖加瓦”［J］. 人民论坛，2018（19）：138-139.

为各方利益冲突和合作不足。为此，需要地方政府正确定位，制定科学规划，以确保民艺文化能够更好地服务于地方旅游产业的发展。冯骥才主编的《灯影里舞动的精灵——中国皮影》一书中，记载了大量地方政府对皮影艺术进行保护、利用及开发的政策文件。这些政策文件包含了相关法律法规，对皮影艺术应用于地方旅游市场提供了必要政策帮助及资源支持。

目前，以地方政府为主体视角开展的民间艺术研究成果相对较少。这一现象的主要原因在于长期以来民间艺术被视为民众文化活动的一部分，地方政府的介入并未受到足够的重视。然而，学者通过深入的田野考察，就会发现地方政府在各种民间艺术实践中的介入痕迹非常明显。因此，本书在前人研究的启示下，将地方政府作为独立的研究主体进行单独论述。

3．企业主体视角

企业作为现代社会的重要组成部分，通过资源、技术、品牌和社会责任等多种方式，参与民间艺术的保护和传承。诸多学者将企业视为民间艺术参与主体之一，开始关注企业在民间艺术保护与发展工作中的路径、功能及价值。滕晋在对民间艺术产业化主体进行研究时指出："企业化的生产经营主体包括从事民间艺术生产经营的公司、文化产业集团、社会化和企业化的文化事业单位、民间艺术品展销市场以及民间艺术产业园等。"[1]企业作为民间艺术供给主体，对于民间艺术的产业化路径与发展方向具有一定影响。张中波认为企业化的生产经营主体是民间艺术市场的选择者与开拓者，其与外来化、大众化的消费主体相互作用，决定着民间艺术产业化系统功能发挥的效率和稳定性。[2]在一些区域性企业参与民间艺术保护的研究中，吴倩、宋维山探讨了河北民间艺术产业化的发展路径，并以新视角探索了河北民间艺术的传播形式。[3]吴倩、宋维山的研究旨在促进民间艺术传承和发展，树立品牌形象，推动文化产业和区域经济的发展。刘昂以文化经济的视角，思考地

1 滕晋．民间艺术产业化主体的构成、功能及特征［J］．理论学刊，2015（7）：63-68.

2 张中波．论民间艺术产业化的系统要素［J］．河南大学学报（社会科学版），2015（2）：125-132.

3 吴倩，宋维山．艺术与市场整合：河北民间艺术产业化的发展路径［J］．河北学刊，2009（1）：227-229.

方政府、企业等主体参与山东区域内民间艺术产业持续发展的模式、路径，从而为民间艺术产业开发提供理论和实证指导。[1]张朔指出，当前民间艺术产业普遍存在散乱、规模小、融资困难等问题。[2]张朔认为，通过机制建设和路径搭建，旨在优化产业环境，释放市场活力，推动民间艺术产业跨越发展。鲍铭莹从文化创意产业发展的视角，对温州米塑在创意产业背景下的发展作了阐述。[3]

然而，企业介入民间艺术是一把双刃剑，既有积极的一面，也存在一些潜在的负面影响。一些学者对企业在民间艺术保护与发展工作中出现的问题进行了关注，并从产业化发展视角提出了一些建设性的意见。王会莹观察到，在当代社会，民间艺术商品化备受争议。[4]在兰村和浮山上东村的调查中，王会莹发现，艺术商品化对原生态民间艺术造成困境，即接受主体对商品化态度未形成一致意见，但有人认为其可促进发展。王会莹认为，若牺牲"乡土味"，短暂的繁荣也难以持久。若民间艺术一直迎合市场需求，必将失去原有特色，变成缺乏内涵的商品。秦璇以朱仙镇木版年画为例，探讨民间艺术保护品牌建构的意义。[5]秦璇在研究过程中，提出创新的商业模式，以开辟民间艺术在当今社会的传承之路。王兴业从文化产业角度研究民族民间艺术资源，探索了其产业开发的可能性，并提出了科学的发展模式。[6]王兴业还建议制定针对性的政策，推动产业化开发。这对于当前文化产业的快速发展具有重要意义。吴倩和宋维山从更新民间艺术观念、整合资源、推进品牌建设等方面，论述了河北民间艺术产业化发展的路径。[7]他们探索了新的发展与传播方式，旨在促进河北民间艺术的传承与发展，树立河北民间艺

1 刘昂．山东省民间艺术产业开发研究［D］．济南：山东大学，2010.

2 张朔．中国当下民间艺术品的产业发展机制与路径研究［D］．上海：上海大学，2015.

3 鲍铭莹．创意产业背景下民间传统手工艺的发展——以温州米塑为例［D］．杭州：中国美术学院，2009.

4 王会莹．商品化趋势下的民间艺术现存状态研究［J］．西北民族大学学报（哲学社会科学版），2007（6）：54-61.

5 秦璇．从艺术资源到产业品牌：民间艺术的传承创新［D］．武汉：华中师范大学，2016.

6 王兴业．民族民间艺术资源产业开发对策探讨［J］．民族艺术研究，2012（4）：134-140.

7 吴倩，宋维山．艺术与市场整合：河北民间艺术产业化的发展路径［J］．河北学刊，2009（1）：227-229.

术品牌形象，推动河北文化产业和区域经济的发展。

可以看到，随着市场经济的发展，文化产业逐渐成为地方经济增长的新引擎。在这一背景下，学者开始关注企业在民间艺术中的活动，并针对当前问题提出了一些建设性意见。这些研究成果既是对当代文化经济发展趋势的反映，也是对企业社会责任、文化资本及文化产业政策等方面的关注和研究。

4. 民间艺术组织主体视角

民间艺术组织包括民间文化机构、民间艺术团体、民间艺术协会等非政府组织，承担着民间艺术保护与传承工作中的多项重要职责。

一些学者在开展民间艺术考察与研究工作时，选择一个或多个民间艺术组织作为案例，深入研究其组织结构、活动项目、目标影响、运作模式和成功经验等内容。李烨鑫对武陵山片区民间艺术团体进行观察研究之后，指出从文化生态学角度来看，民间艺术团体存在内部、传播系统和市场失衡问题，影响了它们的发展。[1]李烨鑫认为，应整体考虑，逐步完善内部结构以实现平衡。赵宴会基于对苏北唢呐班的调研与分析，总结变迁中的“草根乐班”业务运行与行规行话规律。赵宴会认为，唢呐班的生存方式遵循着“熟人社会”逻辑，其行规与行话具有“高语境文化”特征，这种变化既受内部因素影响，也受外部环境影响。[2]杨杰宏关注了“非遗”化及旅游情境中小规模展演团体的生存状况、问题及对白沙古乐演奏等民间艺术的影响。[3]陈萍对闽台民间艺术社团的生存与发展进行了观察研究。[4]

此外，还有部分学者对民间艺术组织的研究倾向于采用跨学科的方法。这种跨学科性涵盖了艺术学、民族学、社会学、经济学等多个学科领域，从

1 李烨鑫. 生态失衡状态下的民间艺术团体发展研究——以武陵山片区为例［J］. 黑龙江民族丛刊，2019（5）：135-140.

2 赵宴会. 论乡村草根乐班的经济运作——基于20世纪苏北“唢呐班”经济运作习俗变迁的调查分析［J］. 民族艺术. 2015（5）：61-68.

3 杨杰宏. 生存与展演：旅游情境中小规模展演社团的困境［J］. 民族艺术，2016（3）：96-100.

4 陈萍. 闽台民间艺术社团生存观念与策略管窥［J］. 人民音乐，2012（6）：43-45.

而以学科交叉的视角来分析民间艺术组织的运作机制、社会影响等方面。此类研究成果较多，在此不一一列举。

5．民间艺人主体视角

民间艺人是民间艺术的创作者和传承者，他们通过世代传承和个人创作，保持和发展了民间艺术的多样性和丰富性。可以说，是民间艺人承载了民间艺术的传统技艺和文化内涵，是民间艺术传承与发展的生命力源泉。

诸多学者深入到乡村、县城或少数民族地区，通过田野调查的方法了解民间艺人的生活、工作、创作过程、传承方式以及对民间艺术的理解。陈志勤、胡玉福从民间艺人的生活状态及社会文化的发展变化来理解民间艺术的机器生产。[1]陈志勤、胡玉福认为，在被市场淘汰的浪潮中，民间艺人仍然坚守挂门钱手工技艺，是艺术传承的关键，是民间艺术的“艺术”再发现。孙发成指出，传统手工艺人的独特知识体系对工艺传承至关重要。[2]在传承过程中，手工艺人的知识体系通常经历实践、总结、把握和分享四个阶段。孙发成认为，整理这些知识，促进核心技艺知识的传播和共享，对传统工艺的传承和可持续发展至关重要。黄亚欣观察到，宣卷艺人在吴江地区的民俗仪式中扮演着重要角色，维系着民众的仪式生活，领导着仪式的进行，并通过演唱逐渐形成了神圣与世俗的联系。[3]黄亚欣认为，深入研究他们在民俗仪式中的功能，是全面理解宣卷及其他民俗文艺样式的关键路径。尹晓华积极呼吁社会各界对民间艺人的重视，例如呼吁各级政府、文化单位及教育部门关注民间艺人的生存状态，提高民间艺人的社会地位和经济地位，以及支持和保障民间艺人传承活动的开展。[4]陈志勤、胡玉福认为，民间艺人没有受到机械技术的影响，坚持手工艺术传承，这反映了他们对艺术的热爱和执

1　陈志勤，胡玉福．民间艺术的“艺术”再发现——挂门钱遭遇技术变革的背后［J］．文化遗产，2015（5）：73-83，158.

2　孙发成．活态保护视阈下传统手工艺人的知识体系及其传承［J］．民族艺术，2022（1）：95-104.

3　黄亚欣．民俗文艺实践主体在民俗活动中的功能阐释——基于同里宣卷艺人的考察［J］．民族艺术，2023（2）：105-115.

4　尹晓华．论“民间艺人”的保护与传承——也谈非物质文化遗产的保护［J］．东南文化，2006（3）：91-93.

着。[1]传统民间艺术的生存状态和社会文化变化表明，民间艺人开始认识到自己不仅是手工匠人，更是艺术创作者，这是对民间艺术的一种“艺术”再发现。周阳从手艺人视角，以“秦淮灯彩”为例对社会记忆视域下“非遗”文化资本的再生产进行观察与研究。[2]周阳认为，秦淮灯彩制作是手艺人的重要文化资本，被认定为“非遗”传承人的手艺人因此备受尊重，吸引了消费者和收藏者购买。这提高了传承人的知名度，满足了经济需求，同时促进了技艺传承和发展。然而，商业化的文化旅游环境导致了一些手艺人转向制作简单易卖的灯彩，导致行业竞争激烈，技艺传承受到威胁，文化资本的积累和重构受阻。因此，仍需进一步努力实现“文化遗产”向“文化资本”的转变。曾澜对江西傩艺人进行田野考察，探究了其家族、宗族、地缘、族群身份以及地方家族宗族记忆、村落公共空间记忆与族群记忆之间的复杂关联。[3]曾澜指出，江西傩艺人的身份不仅承载了地方记忆，而且通过民间民族艺术表演情境的构建，赋予了不同的身份内涵和意义。孔军以青野村的五音戏为研究对象，结合历时变动性和共时关联性分析，探究了民间艺人在乡土社会中不同场合的互动，以及他们角色的演变与乡土社会的内在联系。[4]

当下，诸多民间艺人在国家和地方政府出台的一系列扶持和保护非物质文化遗产的政策下成了传承人。成为传承人的民间艺人，社会地位得到了提高，在获得更多的尊重和支持的同时，也吸引了许多学者对其“传承人”身份的关注。作为国家非物质文化遗产保护工作专家委员会副主任、中国民俗学会名誉理事长的乌丙安，在《带徒传艺：保护民间艺术遗产的关键》一文中指出了传承人对于民间艺术保护的关键。[5]乌丙安认为：“坚持保护民间艺术固有的带徒传艺的传承机制，尊重所有民间艺术代表性传

1 陈志勤，胡玉福．民间艺术的“艺术”再发现——挂门钱遭遇技术变革的背后［J］．文化遗产，2015（5）：73-83，158.

2 周阳．社会记忆视域下“非遗”文化资本的再生产——以“秦淮灯彩”为例［J］．民族艺术，2021（5）：108-118.

3 曾澜．地方记忆与身份呈现——江西傩艺人身份问题的艺术人类学考察［D］．上海：复旦大学，2012.

4 孔军．民间艺人的角色研究——以章丘市青野村五音戏为例［D］．济南：山东大学，2014.

5 乌丙安．带徒传艺：保护民间艺术遗产的关键［J］．美术观察，2007（11）：8-9.

承人选徒、收徒、授徒、出徒的个人基本权利和做法，给予带徒传艺的最大自主权。这才是对我国非物质文化遗产中民间艺术遗产实施保护的关键。”孙信茹、赵亚净以大理州剑川县石龙白族村作为研究个案，通过对该村“非遗”传承人群体的文化传播实践和活动进行观察，发现“非遗”传承人群体通过存在于不同社会文化情境，有着不同活动方式和功能表现的传播实践行为，形成了新的文化建构方式。[1]王海明实地调研了铜梁扎龙世家，收集了翔实资料，对其生存现状和困境进行了综合分析。他特别关注了中国非物质文化遗产传承人，特别是铜梁龙舞艺人面临的问题，并探讨了问题的根源。这项研究旨在为解决铜梁龙舞制作者等群体的问题提供实质性思路和启示。此外，还有一些学者收集与整理了大量民间艺术传承人资料。例如广东省人民政府文史研究馆遴选广东省605位传承人，通过图文形式重点记录其基本信息、生活环境、工作环境、个人历史、技艺特色、代表作品、教学工具、历史资料以及文化空间等。此类成果众多，在此不一一列举。

6. 民众主体视角

民众常被认为是民间艺术的主体，一方面是因为许多民间艺术形式都根植于乡村场域之中，另一方面是因为民众是民间艺术的实际参与者。他们通过参与和支持民间艺术的表演、传承和传播，保持着这些民间艺术项目的活力和延续。

当下，诸多学者从民众视角，展开对民间艺术的观察与研究。张士闪以山东昌邑地区小章竹马为个案，从村民主体视角思考了其所具备的尊重秩序、推崇强悍等文化功能，具体表现在于强化家族文化的内部认同，谋求与外部社区的融合。[2]季中扬、胡燕通过研究指出，保护其文化功能是解决难题的关键，因此应当明确传统民间艺术保护的主体，即唤醒文化主体的文化

1 孙信茹，赵亚净．非遗传承人的传播实践和文化建构——以大理石龙白族村为研究个案［J］．当代传播，2017（3）：21-24，29.

2 张士闪．乡土社会与乡民的艺术表演——以山东昌邑地区小章竹马为核心个案［D］．北京：北京师范大学，2005.

自觉，使遗产保护成为内生需求，从而形成良性的民间艺术保护机制。[1]黄静华从日常生活的角度出发，关注民间艺术当代环境下传承人群体的处境、问题，从而从“人观”视角理解民间艺术传统和当代社会之间的关系问题。杨雨佳发现，受到中国农民身份转变的影响，民间艺术在题材、材料、表现和工艺方面焕发出新的面貌和精神内涵。[2]唐鹏从群众视角分析了民间工艺美术实用性的变化，为民间工艺美术创新和发展提供了新的思路和途径。[3]孟凡行关注手工艺与乡村共同体问题，以凤翔泥塑制作群体为例，通过其“意识觉醒——建立了手工艺合作社——成为准手工艺共同体”的过程，说明手工艺劳作模式成为复兴村落共同体的一种途径。[4]朱振华以鲁中地区三德范村春节“扮玩”为例，深入观察与研究了村落语境中的艺术表演和自治机制。[5]他认为，三德范村的乡民艺术表演及其所交织的自治机制表明，民间自治在新时期建构国家和地方关系中具有重要价值，呈现出互补互益的特点，成为可借鉴的传统资源。

当下，越来越多的学者认识到民众是民间艺术传承的关键，将学术视野聚焦在村民身上并积极呼吁村民参与民间艺术的保护与发展工作。王孟图专注于福建屏南古村落艺术乡建项目，以“人人都是艺术家”的乡村公益美育理念和“互联网+”创新思维为导向。他提出了一些当地在实现村民主体性、持续成长以及构建开放包容的乡建权力结构等方面的实践启示。王孟图认为：“艺术介入乡村建设的宗旨不在于其审美建设，而在于其人心建设，在于‘村民主体’之人心建设，在于‘乡村建设多主体’之人心建设，在于对‘主体性’及‘主体间性’的综合性把握。”[6]刘纪英和吕青以陕北民间艺

1 季中扬，胡燕．传统民间艺术生产性保护的模式、难题及策略［J］．学习与实践，2016（1）：127-133.

2 杨雨佳．中国乡土艺术的公民性转化［J］．人民论坛，2013（5）：174-175.

3 唐鹏．关于群众文化视域下民间工艺美术传承发展的思考［J］．艺术百家，2022（4）：144-150.

4 孟凡行．手工艺共同体的理论、意义及问题——以陕西凤翔泥塑村为例［J］．民族艺术，2018（2）：82-90.

5 朱振华．村落语境中的艺术表演与自治机制——以鲁中地区三德范村春节“扮玩”为例［J］．民俗研究，2017（2）：138-156+160.

6 王孟图．从“主体性”到“主体间性”：艺术介入乡村建设的再思考——基于福建屏南古村落发展实践的启示［J］．民族艺术研究，2019（6）：145-153.

术为例，总结了唤醒文化自觉的途径，旨在为民间艺术文化的传承发展提供研究思路。[1]王宁宇呼吁，将民间艺术放置于民间社会，由村民进行实践。[2]特别是在“建设新农村”的目标下，民间艺术与农村社会的紧密联系使得农村成为民间艺术展示的主要场所。李红梅呼吁“让民艺回归‘民艺’”，即让民间工艺立足于民众生活所需，才能开创质朴亲切、真诚平实的审美精神。[3]

7．其他群体主体视角

当前，诸多学者认识到在多元、开放的环境中，民间艺术的创作过程、活动内容、成品形式及宣传推广受到社会越来越多的力量影响，体现出明显的多元性特征。其中，学校教育在一定程度上承担了民间艺术保护、传承和创新的职能，尤其是在学校的课程设置和教学活动中，可能会涉及一些民间艺术的内容和传统，从而帮助民间艺术得到较好的推广。一些学者开始参与或研究学校保护、传承和创新民间艺术的项目，完成了一系列具有实践价值的成果。李丽珍、王丽娜、李霞等以永州、郴州、衡阳三市的湘南高校课堂民间艺术教学实践为研究对象，重点探索数字化技术在挖掘整理民间艺术资源方面以及民间艺术教学方面的优势。高颖借鉴了国外结合民间文化艺术资源和高校教育的培养模式，调查分析了我国民间文化艺术和当代高校艺术教育的现状。[4]高颖认为，将民间文化艺术融入现代高校艺术教育，对于培养新一代民族文化艺术传承者、改善民间文化艺术传承方式、提升高校艺术教育模式均具有重要的现实和未来意义。郭明军对解放区的第一所高等艺术院校延安鲁艺的陕北民间艺术改造的过程、影响及深远历史意义进行研究，指出鲁艺的改造延续了歌谣运动，重视以民间文艺塑造现代“民国”意识，对培养党的文艺干部和推动革命文艺运动至关重要。金晨怡和程巍致力于浙江

1　刘纪英，吕青．文化自觉：民间艺术文化传承发展的题中之义［J］．西安工业大学学报，2013（5）：421-425.

2　王宁宇．民间艺术应以民众自身生活需要为发展动力［J］．美术观察，2006（6）：4-7.

3　李红梅．让民艺回归“民艺”［J］．艺术评论，2016（7）：102-105.

4　高颖．中国民间文化艺术元素融入当代高校艺术设计教育的思考［J］．装饰，2010（11）：137-138.

地区的刺绣艺术创新，他们整合了院校和社会资源，通过培训、实践和展览等方式，采用“理论实践”的课程模式，邀请专家、“非遗”传承人、手工艺人和教师进行教学。他们的目标是扩展传统艺术的文化内涵和艺术创新，鼓励学生积极参与创新刺绣艺术。此外，还有常真对中国民族民间舞蹈艺术与现代教学进行了研究，从而提出中国民族民间舞蹈艺术良性传承发展的意见。此外，还有诸多学者针对幼儿园、小学及民营教育机构开展的民间艺术实践活动展开研究。此类成果众多，在此不一一列举。总之，可以通过学者的研究，认识到学校的课程开发是保护与推广民间艺术的行动之一，有助于在提升学生的人文素养和艺术创新能力，提高教师的专业发展水平的同时，推动地方民间艺术的保护、传承和创新，为地方文化和区域经济的可持续发展提供更好的服务。

当下，越来越多的艺术工作者前往乡村，参与一些民间艺术的创作与传播工作。李祥林、谢旭斌和王明月通过讨论总结出，民间艺术再生产的基本模式应充分考虑文化传统、生态环境和现代技术，同时还要融入艺术工作者以及本地民众的力量。李海伦观察到，本地作家、学者和文化传承人承担着“文化经纪人”的角色，主动将纳西文化介绍到国外，从而使纳西民间艺术在海外声名大噪。[1]

随着数字化技术的普及与新媒体技术的发展，新媒体作为一种全新的文化传播方式和创作平台，对民间艺术的发展和传承起到了积极的推动作用，因此也被视为民间艺术的主体之一。刘帅指出，二人转艺术的生存与发展受到了多渠道传播媒介生态的影响，因此应该思考多渠道传播媒介生态影响下，二人转艺术的变异、时代内涵的界定以及多路径传播等问题。[2]张爱红、王祥华对数字媒体时代传统手工艺的现状、机遇与挑战进行了观察与研究后指出：数字媒体对传统手工艺造成传承人主体地位的削弱等媒介陷阱，因此建议对现状进行认知反思，重新理解其文化内涵与价值逻辑，促进传统手工

1 李海伦．民族文化与文化经纪——国际舞台上的纳西族表演艺术［J］．民族艺术研究，2020（6）：127-137.

2 刘帅．多渠道媒介生态背景下二人转艺术的转型与传播研究［D］．长春：吉林大学，2021.

艺的创新发展。[1]

从某一主体视角对民间艺术创作、实践进行的观察与研究的成果丰硕，其思路和所运用的方法给予笔者很大的启示。但笔者认为，对当今民间艺术复兴的研究依然存在一些薄弱环节，尤其是一些核心主体并未被重点关注。例如，在民间艺术复兴的背景方面，近年来诸多媒体平台通过资源下乡对民间艺术进行保护与扶持，其所产生的影响逐渐显现，但学者基本未关注这一力量；此外，在民间艺术复兴的权力运作方面，对于地方政府权力的关注不足。笔者在田野考察中发现，地方政府是一些民间艺术复兴的主要推动者，但学者常将地方政府归到了国家或民间范畴，并未将其作为权力的单独一方加以分析研究。

二、从主体互动视角对民间艺术创作、实践进行的考察与研究

当前，诸多民间艺术佳作频出，活动频繁。这一“出乎意料”的现象已经引起了各社会科学研究者的关注。研究者从不同视角出发，对这一现象作出了不同解释。一些研究者深入田野现场，在获取大量经验材料的基础上，认识到这一现象是国家、地方政府、企业、民众等多元主体交互作用的结果。

方李莉指出，在西部地区，各种力量的主导和推动使新兴的民间文化与艺术正在发生明显变异。[2]市场经济力量以企业为代表，将旅游与民间艺术相结合，导致西部人文资源的重构和民间文化的重组。政府作为权力主体，对民间艺术进行辅导，推动其变革。专家学者积极发掘和利用民间历史和艺术资源，使民间艺术成为国家民族民间文化遗产保护试点和联合国非物质文化遗产名录的一部分。新技术的应用边缘化了传统手艺，同时也促使新民间艺术的兴起。一些传统本土文化的力量坚定地传承民间艺术，推动了农村形成新的文化产业。张洋认为，保护民间文学艺术应采用“三位一体”的认定

1 张爱红，王祥华．数字媒体对传统手工艺现代传承的介入、反思与破题［J］．民族艺术研究，2023（6）：93-104.

2 方李莉．从艺术人类学视角看西部人文资源与西部民间文化的再生产［J］．民族艺术，2006（1）：6-17，80.

方式解决权利主体问题。除了权利主体外，保护过程还牵涉传承人、采风者、再创作者和使用者。马志飞以马街书会民间曲艺为研究对象，观察到政府、艺人、企业等力量通过建构及运行不同社会机制，在民间艺术活动中进行博弈与交流。马志飞最后就民间曲艺社会机制的运行基础和规制性成因进行了分析总结。卫艳蕾和孙淼认为，民间艺人作为社会结构中的主体，是民间艺术的传承者和持有者。[1]但是，卫艳蕾和孙淼指出，民间艺人长期以来在不同历史时期和国家话语的主导下，通过不同群体及个体的表达和展演，在个体情感表达的同时也受到国家意识形态和政策的影响，形成了独特的舞蹈文化。卫艳蕾和孙淼以临汾鼓舞为例，对上述观点进行了举例说明。郑土有指出，农民画是政府、精英、大众三种力量共同作用下所产生的独特艺术形式。三种力量存在不均衡权力关系，所以造就了农民画的不同风格。郑土有认为，大量农民画优秀作品的问世，表明这种艺术生产模式也是艺术创作的有效途径之一。杨帆以山东菏泽面塑工艺为例，通过整理田野资料并进行分析，将民间工艺传承中的动力因素归纳为自我动力、市场需求导向的外部动力和以民俗展演为特征的混合型动力机制。[2]之后，杨帆进一步探讨了村落社会结构、市场机制和民间互惠展演信仰体系对于民间工艺传承活动的影响。魏育鲲、程之伊对实验性表演《三经注水 传音入境》的主体对话进行观察后指出：民间及传统音乐主体性的对话可以促进表演者、学者和公众在观众和演员之间建立合作共识。[3]都晨选择了1949年以来的山东潍坊杨家埠木版年画作为研究对象。他观察了国家意识形态、年画生产者和消费者在不同历史时期对年画艺术发展产生的影响，通过个案研究思考了民间艺术发展中各种力量之间的互动关系，以此回应人类学关于结构与能动性关系的讨论。[4]赵元昊注意到，民间艺术的含义、价值和评判标准在不同的话语体系

1 卫艳蕾，孙淼．文化场域中的艺术保护与再创造——以山西临汾地区鼓舞为例［J］．舞蹈，2013（7）：60-61.

2 杨帆．民间工艺传承中的家族、市场与展演——以山东菏泽穆李面塑工艺调查为例［J］．民俗研究，2010（3）：200-218.

3 魏育鲲，程之伊．从主体缺位到主体对话——一次实验性跨媒介展演引发的思考［J］．民族艺术，2017（2）：119-126.

4 都晨．木版年画发展中的博弈与互动——以山东潍坊杨家埠木版年画为例［D］．北京：中央民族大学，2012.

中不断变化。他选择了河南省的民间工艺品——淮阳泥泥狗作为例子，探讨了来自联合国教科文组织、国家、地方政府、学术机构以及当地泥泥狗艺人等话语体系中对这种民间艺术形式的看法。[1]赵元昊特别强调了泥泥狗的商品属性，并将其视为不同话语体系碰撞的场所，以期从更全面的角度研究这种民间艺术形式。金昱彤从国家、市场、社会三个维度出发，对国家级非物质文化遗产土族盘绣进行了个案研究。[2]金昱彤发现，国家“非遗”政策、旅游与市场、民间社会变迁均对土族盘绣的传承与发展产生了影响，因此需要对国家、市场、社会三者之间的关系进行处理，以应对非物质文化遗产发展问题的各项挑战。荣树云在对山东省潍坊年画艺人的研究中，了解到民间艺人对社会身份的建构与认同是“国家在场”及市场主导双重影响因子的结果。[3]随即，荣树云从国家、市场、文化、技术等四个角度出发，分析了年画艺术的演变、生产与流通方式、相关行为者以及国家意识形态与市场主导的关系。[4]荣树云通过“还原性分析”，探讨了社会转型对传统手工艺变迁的影响，以及在“非遗”背景下民间手工艺的发展路径问题。徐赣丽指出，在当前社会转型时期，民间艺术受到国家文化塑造和旅游市场的影响，成为国家和民族文化的象征符号，同时也成为旅游经济的消费品。[5]民间艺术会根据现实需求和时代特色转化为新的艺术形式。这些变化折射出时代动因的复杂性，也反映了民间艺术自身的发展规律。王潇以陕西蒲城麦秆工艺为例，从国家、地方政府、学校和民众四个方面讨论了传统手工艺的可持续发展的过程和可能性。[6]林德山通过对日照农民画变迁研究，指出农民画在政

1 赵元昊．话语场中的民间艺术：作为商品的泥泥狗在不同语境中的社会生命［J］．民族艺术，2019（6）：59-70.

2 金昱彤．国家、市场、社会三维视角下的非物质文化遗产研究——以土族盘绣为例［D］．兰州：兰州大学，2014.

3 荣树云．“非遗”语境中民间艺人社会身份的构建与认同——以山东潍坊年画艺人为例［J］．民族艺术，2018（1）：91-100.

4 荣树云．社会转型中杨家埠木版年画的艺术人类学研究［D］．北京：中国艺术研究院，2017.

5 徐赣丽．民间艺术的当代变迁——以手工艺为中心［J］．民族艺术，2019（6）：50-58.

6 王潇．传统手工艺的再生产研究［D］．西安：西安美术学院，2016.

治、艺术和市场的影响下，朝着“民间艺术旅游购物品”迁衍与再生产。[1] 林德山对日照农民画的研究，对其他传统民间文化的现代化进程具有借鉴意义。此外，王睿从政治、地方、民间三个维度探析农民画的现象、发展及属性。[2]

前人研究成果丰硕，其思路和所运用的方法给予笔者很大的启示。但笔者认为，从多元主体视角而言，在当今民间艺术活动中多元主体互动理论化、系统化、研究视角等方面，都有待不断拓展。尤其在各个主体之间、艺术与主体之间、发展与保护之间的关系并未得到合理解答。而本书将对这一内容进行尝试性研究，并试图对这一研究现状作出基本补充。

第三节　研究内容、研究目标、研究框架、基本思路及研究价值

一、研究内容

其一，各参与主体在民间艺术保护工作中的职能。本书将从政策解读与案例分析入手，对各参与主体在民间艺术保护进程中的职能进行归纳及分析，从而使各参与主体职能体系更加完善。

其二，各参与主体在民间艺术保护工作中的行为。认识与解释各参与主体在民间艺术保护进程中的各类行为机制及发生机制，将是下一步保护工作实施的前提与关键，因此，本书将根据田野调查资料探讨各参与主体在民间艺术保护过程中的行为机制及发生机制，尤其是各主体在市场、行政控制等动力机制的激励与约束下的偏轨行为。

其三，多元主体协同参与民间艺术保护的成效。本书首先将根据田野资

1　林德山．文化转向与叙事嬗变：日照农民画的迁衍与再生产［J］．民俗研究，2020（4）：85-95，158.

2　王睿．中国农民画属性探析——政治·地方·民间三重视域下的农民画［D］．上海：复旦大学，2011.

料，对当前多元主体协同参与民间艺术保护的成效进行深入观察和系统分析，并理清民间艺术经过保护后所呈现的变化、特点，这将为如何更好地制定科学的、可持续发展的保护政策提供基础资料。

其四，多元主体协同参与民间艺术保护工作中的问题。本书将通过田野考察，发现与总结多元主体协同参与民间艺术保护工作中存在的各类问题，并从职能定位、工作方式等方面入手，提出建设性的解决对策。

其五，多元主体协同参与民间艺术保护工作的经验总结与模式创新。本书最终将对部分多元主体协同参与民间艺术保护工作的成功案例进行经验总结，从而为全国范围内乡村地区的民间艺术保护工作提供典型个案与特殊模式，并进一步丰富国内外学界对于这一问题的研究与探讨。

二、研究目标

在目标方面，笔者希望实现以下目标：

第一，对湖南、贵州、广西等传统村落地区、少数民族地区的民间艺术保护与发展个案进行深入观察与材料整理，从而清晰了解当前民间艺术的生存现状与多元主体在民间艺术保护工作中的动机及行为，以及民间艺术保护中的各主体直接协同合作的机制及模式。

第二，在田野调研及理论分析的基础上，尝试总结当前多元主体参与民间艺术保护工作所取得的成效以及存在的问题，再从“文化资本”“正和博弈”等角度提出积极可行的对策和建议，以帮助实现民间艺术的合理保护。

第三，尝试构建一套多元主体参与民间艺术保护实践的协同机制及合作模式，从而为全国范围内乡村地区的民间艺术保护工作提供参考，以进一步丰富国内外学界对于这一问题的研究与探讨。

三、研究框架

第一部分，分别概述国家、地方政府、企业、社会精英、村民等多元主体在民间艺术保护工作的角色、职能，并将针对各参与主体在民间艺术保护工作的动机、行为、问题开展个案式专题性研究。对于部分案例，本书将通过艺术功能、文化资本、权力的文化网络、现代化等理论对田野材料做学理分析，以进一步理清权力与艺术、艺术主体与权力主体、发展与保护之间的关系。第二部分，本书将对多元主体参与民间艺术保护实践的协同机制及工作模式进行经验总结，并对民间艺术的保护、传承及未来发展予以分析和展望（图1–1）。

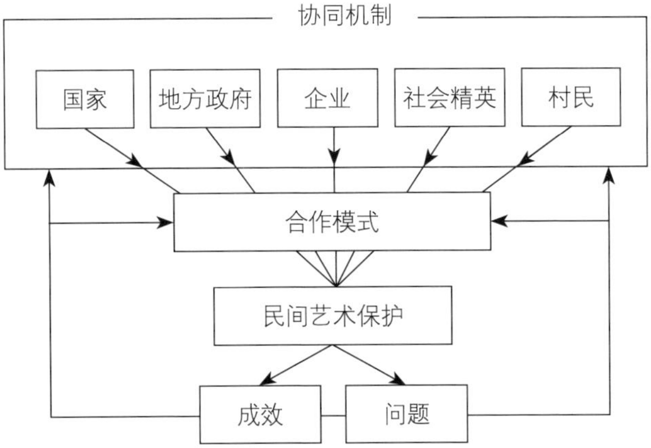

图1–1　研究框架

四、基本思路

首先，笔者将在充分了解前人研究成果的基础上，形成鲜明的“问题意识”。这包括国家、地方政府、企业、社会精英和村民在民间艺术保护工作中的职能及其执行情况等方面的问题。笔者将探究各参与主体在民间艺术保护中的角色与责任，以及多元主体协同参与民间艺术保护模式的成效及存在的问题。进而，笔者将提出如何构建一个多元主体参与民间艺术保护实践的协同机制及工作模式的问题，并通过理论分析和实证研究寻找解决方案。

其次，选贵州、湖南及广西等地区的传统村落、少数民族村寨作为田野点，进行实地调研。通过深入了解这些地区的民间艺术保护情况，笔者将收集到本书研究所需要的第一手资料，为后续研究提供具体案例和实践基础。

再次，借助艺术功能、文化资本、权力的文化网络、现代化等理论对田野材料进行梳理与提升，建立分析框架。同时，将从理论的角度对实地调研所获得的资料进行整理和提升，以建立起对各主体的互动关系和艺术与主体之间逻辑关系的深入理解。

最后，拓展研究成果的适用性，总结多元主体协同参与民间艺术保护模式的经验与模式。笔者将从已有研究的基础上，总结出具有普遍适用性的多元主体协同参与民间艺术保护工作的模式和经验，为全国其他地区的民间艺术保护工作提供有益的样本与经验借鉴，促进该领域的进一步发展和完善。

五、研究价值

这一研究的理论价值如下：

第一，从选题的立意上，对民间艺术保护中的多元主体协同机制及合作模式进行探索与研究，对于理解民间艺术的真实处境、国家乡村治理理念、地方权力运作以及乡村未来发展等问题都具有不容置疑的意义，但是，迄今为止学界并未对这一重要内容展开系统、整体和深入的研究。而本书将是对这一内容的一个尝试性解读，并试图对这一研究现状作出基本补充。

第二，从对象的拓展上，本书将摒弃传统的“单一主体视角”，将研究对象集中在多元主体，从而对当前学界研究进行补充。

第三，从理论的深度上，本书将借助艺术功能、文化资本、权力的文化网络、现代化等理论对田野材料进行梳理与提升，重点分析各主体的互动关系，分析艺术与主体之间、发展与保护之间的关系，以此作为学界理论研究的重要补充。

第四，从方法论的角度而言，本文将主要采用文化人类学的基本理论和研究方法，结合相关理论，不仅将各参与主体视为一个个独立的权利个体，同时通过田野考察的方法来观察各参与主体如何协同参与民间艺术保护工作，如何在共同协作下对整个地区的文化经济和权力格局产生影响，从而有别于传统的从管理学、政治学、社会学的方法入手而对这一群体展开的定量研究路径。

第五，在应用价值方面，这一研究将有助于了解民间艺术保护的真实状况及探索民间艺术保护的现实道路。同时，本书将对民间艺术保护中的多元主体协同机制及合作模式的经验进行总结，从而为民间艺术保护工作的开展提供积极、可行的对策建议。而从更长远的目光来看，这一研究也将为国家形象的建构、乡村地区社会秩序的维护和乡村振兴战略的最终实现作出贡献。

第四节　具体研究方法及重点难点

在研究方法方面，笔者将采用以下方法：

首先，文献研究法是研究的第一步。通过充分了解、研究已有的学术成果与档案资料，为进一步的研究与创新打下坚实的理论基础。这种方法可以帮助笔者了解前人的研究成果、理论观点和方法论，从而在自己的研究中建立联系和延伸。

其次，深度访谈法是获取第一手资料的重要途径。通过对村落地区不同身份代表性人物，如政府官员、企业负责人、民间艺术传承人、村民和社会精英等进行深度访谈，笔者可以深入了解他们对于民间艺术保护的看法、态度和行动，从而获取丰富的实地调研资料。

再次，田野考察法是直接参与观察和记录研究对象行为的有效方式。笔者将通过在调研地的生活经历，亲身参与村落地区的日常生活，观察和记录民间艺术的表现形式、传承方式以及相关活动的举办情况，从而深入了解民间艺术在实践中的具体情况。

最后，问卷调研法和量表调研法将帮助笔者获取数据资料并进行分析。通过发放回收问卷和量表，笔者可以获取大量的数据资料，并据此建立相关的模型与图表，对民间艺术保护工作进行量化分析和评估。这种方法有助于从定量的角度全面了解民间艺术保护的现状和问题，并为提出相应的政策建议和解决方案提供科学依据。

在重点难点方面，本书研究重点在于运用文化人类学的基本理论和方法，结合艺术功能、文化资本、权力的文化网络等理论分析视角，一方面对多元主体在民间艺术保护工作中职能、行为进行调研与分析，另一方面对多元主体协同参与民间艺术保护工作的成效及问题进行探讨，由此构建一个多元主体参与民间艺术保护实践的协同机制及工作模式，为全国范围内乡村地区的民间艺术保护工作提供典型个案与特殊模式。本书的研究难点则在于如何对多元主体参与民间艺术保护实践的协同机制及工作模式进行创新性的总结，从而形成具备典范效应的研究成果。对此，笔者将跳出传统的线性研究思路，以大量田野材料为基础，从社会组织网络和策略博弈角度，研究国家、地方政府、企业、社会精英、村民等多元主体在民间艺术保护工作的角色、动机、行为以及参与保护工作后的成效、问题，最终再尝试构建一个多元主体参与民间艺术保护实践的协同机制及合作模式。

2

第二章

国家：民间艺术保护与发展工作中的主导者

本书中的国家指中央政府。管理社会、调控社会多元利益是国家职责。实现主流文化和价值观的一致认同是国家的目标。对于国家而言，民间艺术是弥足珍贵的传统文化资源，不仅承载着集体记忆及文化理想，还在身份认同、形象建构、地方建设等方面有着极为重要的意义。然而，随着时代的发展，一些民间艺术不符合人类发展趋势和当代乡民习惯，曾一度开始衰弱甚至走向消亡。如何构造科学合理的治理模式，针对不同的民间艺术开展精确的、有效的拯救与保护工作，正成为国家思考的重心。

第一节 国家对民间艺术进行项目制治理的过程、成效

近年来，国家开始采用项目制对民间艺术进行拯救与治理。项目制是“指政府运作的一种特定形式，即在财政体制的常规分配渠道和规模之外，按照中央政府意图，自上而下以专项化资金方式进行资源配置的制度安排”。[1]如今，项目制已成为国家对地方治理和贯彻政策的主要机制，早已实践于政治、经济等多个领域。在民间艺术领域，国家采取的项目制主要为资助型项目制，即国家通过筛选，向一些符合要求的民间艺术项目提供资助资金来推动民间艺术的传承与发展。如今，国家在民间艺术领域的项目制实践已经开展了一段时间，但是相关研究并不充分。这种不足主要因为两方面的原因：其一是学者并未认识到当下民间艺术领域项目制的存在。实际上，民间艺术领域项目并不是近期出现的现象，无论是国家艺术基金的成立，还是民间艺术机构“争资跑项”以及民间艺人以项目形式获取资助，都是一些与项目制相关的现象。其二是一些学者当前对于项目制的关注主要集中于政治、经济领域，而忽视了民间艺术领域。民间艺术领域项目制的建构路径、运作方式及参与对象均不同于政治、经济领域，因此对民间艺术领域项目制的认识不能照抄于政治、经济领域的研究结论。在前期研究空白的基础上，

1 周雪光．项目制：一个“控制权”理论视角［J］．开放时代，2015（2）：82-102，5.

我们需要思考：国家在民间艺术领域如何运作项目制？国家这一行为的成效如何？存在着什么问题？本节将以当前中国艺坛最具权威性及影响力的国家艺术基金为例，对上述问题进行回应。

一、背景：国家艺术基金的设立

国家一直将文艺工作作为意识形态工作的重要组成部分，尤其是在思想流派多样化及传播速度迅速化的今天，国家更将文艺工作上升至前所未有的高度。然而，当前引导及管理文艺工作的难度越来越大，国家若再通过传统治理模式，即以国家财政为支持去推动地方政府各部门开展文艺管理工作，只会引发诸多学者总结的投入分散、管理缺位、效益低、养“闲人”等问题。因此，国家必须积极探索新思路、新举措，建立新平台，以正确引导和科学管理文艺工作。

2013年12月30日，文化部在北京召开国家艺术基金成立座谈会，会议指出：“为适应我国文化体制改革的新形势，借鉴部分发达国家通过设立基金的方式对艺术创作进行资助以及我国自然科学、社会科学和出版等领域基金制管理的成功经验，经过深入调查、研究和论证，文化部、财政部提出以财政拨款为主，吸引和带动社会资金投入的方式设立国家艺术基金。”这一公益基金的设立，是国家通过自上而下的项目制运作进行艺术工作统一规划、管理和评估的创新尝试。在申报对象方面，国家为了提高社会影响力，调动社会各界的参与度，打破了体制、系统、行业和地域的局限，不再限制国家艺术基金的可申报对象，即国有、民营、机构和个人均可申报。在资金扶持方面，国家根据项目申报类别及评审情况予以相应的中央财政资金资助。一些具有示范性和导向性的艺术作品可以以特殊项目获得国家高额度的资助。在管理机构方面，国家成立相关部门及机构负责国家艺术基金的基本运作。其中，国家成立国家艺术基金管理中心负责国家艺术基金的管理和组织实施。管理中心会聘请专家委员会，承担国家艺术基金重大业务和事项的指导、咨询、评估工作。同时成立专家库，承担咨询、评审、监督等相关职责。对于委员会及专家库的具体人员，国家会直接指任，或由理事长、相关机构推荐，再由国家审定。

可以看到，国家针对当下我国独特的社会政治艺术结构，借鉴了国内外成功经验，理性选择了项目制方式进行艺术治理。国家设立了与国家意识形态建设息息相关的国家艺术基金进行具体实践操作。国家对国家艺术基金的申报对象、资金扶持及管理机构等方面都进行了严密设计，使其正统且规范。

二、国家对民间艺术进行项目制治理的过程与成效

国家艺术基金的运作程序流畅且系统，包括了申报、筛选、创作、监督、验收和推广等步骤，且每一步骤都有着不同的规定和更为细化的规则。每年国家艺术基金发布后，国家便会严格执行各项步骤，同时还会采取一定策略，从而使民间艺术项目在倾斜式照顾下得到了拯救与发展。

1．申报阶段：公布申报指南

国家于每年3月对外发布国家艺术基金下一年度的申报资料，其中包括传达国家意志的申报指南。在申报指南中，国家不仅对申报程序、申报资格、申报方法等技术性知识进行解释说明，同时还会重点介绍国家下一年度艺术项目的需求方向与规范标准。近年来，国家艺术基金的申报指南均对“民间艺术”进行了重点强调。例如《国家艺术基金（一般项目）2020年度艺术人才培养资助项目申报指南》中，在资助对象上强调“适当加大对戏曲、曲艺、木偶、皮影和民族音乐、民族歌剧等民族艺术形式和网络文艺人才培养的资助力度”。《国家艺术基金（一般项目）2020年度艺术人才培养资助项目申报指南》还在小型剧（节）目和作品创作资助项目评审指南中强调“重点资助体现中国价值、中华美学精神的民族化的艺术形式和艺术内容”。此外，《国家艺术基金（一般项目）2020年度艺术人才培养资助项目申报指南》还将“工艺美术创作人才培养，优秀传统手工艺创造性转化、创新性发展设计人才培养，西部地区、少数民族地区艺术人才培养”等方向列入艺术人才培养推荐项目。

国家发布申报指南实际是通过“需求说明”对项目申报的比例及类型进行布局。国家对于“民间艺术”的强调，使得一些长期从事民间艺术的保护

传承中心、演艺机构、高校及艺术工作者主动参与申报，从而在前期即保证民间艺术项目的参与比例。可以说，申报指南是国家采取的一种自上而下的引导策略，是国家权力和国家意志的有力象征。

2．筛选阶段：倾斜式选择

申报截止后，国家根据需求对申报项目进行筛选。根据国家近几年立项项目比例的观察，可以总结出国家对几类民间艺术项目较为关注，具体如下：一是表现主题与国家所提倡的主流文化以及社会主义核心价值观息息相通的民间艺术项目。由湖南省花鼓戏保护传承中心创作《蔡坤山耕田》讲述了蔡坤山巧遇微服私访的正德皇帝，并以一饭之恩获回报的故事。该剧主题与国家当下所提倡的“以民为本、以农为本、行善积德”的主题以及社会主义核心价值观息息相通，因此曾两度获得国家艺术基金资助。[1]二是一些根据时代人物、时代故事进行创作的民间艺术项目。由安徽再芬黄梅艺术剧院创排的《邓稼先》以黄梅戏的形式，讲述了邓稼先带领团队克服条件艰苦、形势严峻等考验，最终成功研制出中国第一颗原子弹、第一颗氢弹的感人故事。该剧是一部“为时代画像、为时代立传、为时代明德”的优秀艺术作品，成功入选2019年国家艺术基金滚动资助项目。由山东诸城市舜龙艺术团有限公司创排《失却的银婚》以茂腔的形式，唱响了反腐倡廉的时代强音。该剧成功入选国家艺术基金2016年度大型舞台剧和作品创作资助项目。三是一批促进文化和旅游融合的民间艺术人才培养项目。近年来，国家作出“推动文化产业与旅游产业融合发展”的重大决策部署，即努力实现文化和旅游产业优势互补一体发展。2018年起，国家艺术基金认真贯彻落实国家决策和部署，资助了一批促进文化和旅游融合的民间艺术人才培养项目。“藏羌彝银饰工艺创新设计人才培养”“传统手工艺民间挑花‘双创’设计人才培养”“竹编工艺文创设计人才培养”“西部传统手工艺创新品牌经营管理人才培养”等民间艺术人才培养项目，立足于培养融文化产业、旅游产业为一体的综合性人才，从而促进当地民间艺术的挖掘、设计与再利用，实现文旅融

1　该剧于2018年获国家艺术基金资助，又于2019年获得国家艺术基金大型舞台剧和作品滚动资助项目资助。

合发展。最后，还有一些具有丰厚文化内涵及较高审美价值，但却面临失传危机的民间艺术项目也入选了国家艺术基金。例如“蒙古族传统工艺美术与创新应用设计人才培养”“晋陕甘宁秧歌舞创新人才培养”“蒙古族长调艺术人才培养”“闽台民间舞蹈创作人才培养”等。这些项目经由国家立项后，按照程序在文化部门的相关网站上公示。立项项目的比例、形式及主题将是下一年度申报者的重要参考。换言之，立项项目将以典范效应对下一年度申报者的选题进行引导，促使更多符合国家需求的民间艺术项目参与国家艺术基金的申报。

3. 创作阶段：发文引导

名单确定后，国家便向立项项目提供资助资金，同时要求各立项者按照国家艺术基金规范进行艺术创作。国家会在官方网站发布一些评论性文章，对立项者的创作进行引导与规范。例如在表现风格方面，国家倾斜于现实主义风格，希望立项者可以通过艺术作品生动朴实地讲述社会故事，反映国家巨变，弘扬中国精神。因此，国家在国家艺术基金网站上多次发文对现实主义表现风格进行鼓励与呼吁。其中《现实主义绘画创作的文化反思》一文以“中国艺术新视界”系列巡展为研究背景，对当地青年立项者现实主义创作给予肯定。文章点评道：“用画面传递出的信息打动观众，用极具感染力的笔触描述人们的归乡心切，侧重于对社会现象的思考，这种文化反思较为深刻，值得鼓励。”此外，《立足民族艺术，谱写时代赞歌》《文化传承与使命担当——中国当代青年艺术创作的文化认同》《民族文化叙事与当代精神转换——浅论国家艺术基金资助项目下的青年艺术创作》《民间美术的当代滋养——“中国艺术新视界2019”遵义站巡展侧记》等文章均给予了现实主义表现风格较高评价。此外，国家还会对一些已结项的现实主义作品进行个案式表扬。艺术基金官网曾两次在评论文章中表扬由昌吉回族自治州艺术剧院创排的新疆曲子戏《金子般的心》。《国家艺术基金2017、2018年度资助项目西北片区集中巡查监督在甘肃兰州顺利开展》点评道：“以榜样人物王桂珍的感人事迹为素材，表现小人物身上以善引善、积小善为大爱的高尚品格，反映建设大美新疆、和谐新疆过程中弥足珍贵的精神，凸显社会主义核心价值观”。除网站外，国家艺术基金的公众号也不定期刊发一些评论性文章。这些文章通过对艺术事件、艺术现象及艺术作品的点评，引导立项者不断调整创作观念与风格，从而保证民间艺术创作符合国家要求与规范。

4．监督阶段：集中巡查

为了保证立项项目的进度与质量，国家会委派监督专家进行分片区的集中巡查监督。对于一些立项项目主题上的“偏题跑调”，监督专家会制止并进行正确引导。对于一些立项项目质量上的“缩水减质”，监督专家会提出警告并责令整改。国家曾多次委派监督专家对西南地区的民间艺术项目进行集中巡查监督。2018年6月，监督专家在四川巡查时，对某传播交流推广项目提出政治导向建议，在《国家艺术基金：以巡查监督避免项目缩水减质、偏题跑调》一文中指出：“当代艺术是多元的，但不能与主流意识形态相左。展览已经拿到的作品，要组织专家做最后的内容审定。”对于一些民间艺术人才培养项目，《国家艺术基金2019年度资助项目第三批集中巡查监督工作在京顺利完成》指出“项目存在师资力量薄弱，课程设计不合理……项目存在尚未启动，实施进展缓慢……项目存在实施不规范，培训质量有待提高……学校无任何资金上的配套措施，还将从项目经费中收取教室租赁费用，加大了项目实施的成本，使艺术基金的资助经费更加‘捉襟见肘’”等问题。此外，国家还开展了现场监督、约谈监督、行前指导监督、日常监督等形式多元且严格的“把脉”“问诊”，以进一步确保资助项目按“高水平、高标准、高质量”的要求创作实践。

5．验收阶段：严格把关

对于资助项目的结项验收，国家会组织专家组，依据结项验收制度对资助项目成果进行检查、评定。验收主要包括“导向关”“质量关”“财务关”三个方面。“导向关”是指各专家组对项目全流程中的政治导向进行监督审核，确保不出任何导向问题；“质量关”是各专家组对项目的完成质量进行评议，并检查项目是否存在抄袭、偷工减料等不良问题；“财务关”是检查一些资助项目的资金是否专款专用，必要时根据项目财务管理制度对项目经费使用情况进行审核。此外，专家组还意识到一些项目虽然未出现上述问题，但项目实施的完整度不够。对此，专家组对照申报计划，检查项目是否完成“规定动作”，同时还检查审核项目是否取得社会效益。根据项目最终完成情况，专家组给出准予结项、暂缓结项、不予结项结论。对于未及时结项或不予结项的项目，国家不仅会限制立项者其他项目的申报资格，还会提出批评，让立项者的社会声誉受到影响。

在国家极为严格的验收标准影响下，民间艺术项目的立项者会高度重视结项工作。一些立项者不仅反复检查项目导向、质量及财务问题，还会努力整合其他资源，打造项目亮点。由张家港市锡剧艺术中心创排的锡剧《三三》成功通过了国家艺术基金2015年度舞台艺术创作资助项目的验收结项。《三三》从创作、入选到展演，得到了当地政府、媒体、社会精英的大力支持。经由多方力量的协同帮助，《三三》以张家港城市新名片的姿态通过了验收结项。此外，一些项目结项时还会系统梳理项目取得的社会效益，例如展演场次、获奖次数、网络点击次数等。由重庆歌舞团有限责任公司创排的《杜甫》三次入选国家艺术基金资助项目。该项目巡演启幕后，其中《丽人行》片段接连登上抖音、微博等网络媒体热搜。2019年9月，该剧顺利通过验收，如期完成结项。在国家强有力的验收把关下，近年来民间艺术立项项目的结项情况良好，整体合格率高。

6. 推广阶段：典型传播

验收后，国家不定期从各资助项目的结项成果中遴选作品，择优对外传播推广。遴选作品时，国家倾斜于选择一些具有地方特色、彰显民族精神的民间艺术作品。例如在2019年12月，国家遴选了一批青年创作者作品，举办“中国艺术新视界2019”——国家艺术基金青年艺术创作人才作品巡展。展览“天工开物”部分展出了多件民间工艺作品，涵盖衣、食、住、用各个方面。《材美工巧，经典永续——“中国艺术新视界2019”中的工艺表达》一文点评道：“在继承和使用中国传统工艺技术的基础上充分发挥当代艺术创作语汇，在陈设欣赏和生活使用之间寻求对话的平衡性，呈现了当代青年手工艺术工作者的文化思考和精神气质。”此外，国家还会遴选优秀民间艺术作品，开展艺术进社区、校园等公益演出和低票价“艺术惠民”活动。国家艺术基金剧目《粤剧精品折子戏》参与了“学生进剧场、戏曲进校园”系列公益活动。活动现场不仅会演出一些折子戏经典剧目，还将举行粤剧艺术普及讲座。为了更好地促进优秀艺术作品的展演、展览等传播交流推广，国家还在国家艺术基金中开设传播交流推广资助项目。福建省艺术馆承担实施的“中国农民漆画展”获得了传播交流推广资助项目。2019年7月，该展览在日本冲绳及东京展出了50余幅农民漆画作品。展览不仅促进了中日漆艺的成果交流，还在海外塑造了良好的国家形象，提升了国家文化软实力。随着推广活动的陆续展开，国家的主流思想与价值观念通过艺术作品向国内外传播。一些作品不仅让观众得到了艺术的熏陶，还让观众被作品蕴含的民族情怀所感染，从而激发爱国情感。

第二节 国家发布与民间艺术相关政策的内容及演变

自改革开放以来，随着中国经济和社会的快速发展，国家逐渐加大了对民间艺术保护与发展的关注。国家认识到民间艺术的价值不仅仅体现在其文化和历史意义上，还在于对当代社会精神生活和文化多样性的重大贡献。鉴于此，国家陆续出台了一系列政策、条例和准则，力图构建全面的民间艺术保护和开发体系。本节将通过时间轴的方式，梳理和分析我国在民间艺术保护及开发方面的政策演进过程。需要说明的是，目前，国家尚未出台专门针对民间艺术保护及开发的政策，而主要是将民间艺术归为“非物质文化遗产”“民间文艺”“民族艺术”“优秀传统文化”领域。因此，本节将研究政策范围扩大至上述领域。

一、1982年至2004年（上半年）：启蒙探索阶段

在改革开放的浪潮和现代化建设的驱动下，中国经济实现了跨越式的发展，国家经济实力大幅增长，人民生活水平普遍提升。然而，国家的全面强盛不仅仅体现在经济总量（如GDP）的增长、基础设施的完善等所谓“硬实力”的积累上，还依赖于文化底蕴的深厚、信息传媒的先进等“软实力”的

塑造。国家认识到了历史文物、物质及非物质文化遗产的独特价值以及其在现代化浪潮中所面临的边缘化和流失风险，因而推出了一系列政策措施，切实确立了保护和扶植中华民族优秀历史文化遗产及传统文化项目。

1982年11月，第五届全国人民代表大会常务委员会第二十五次会议通过《中华人民共和国文物保护法》，明确了文物的保护范围。国家在该保护法中虽然主要针对物质遗产而非广泛实践的民间艺术，但是表明了对中华民族优秀历史文化遗产的关注和建设社会主义精神文明和物质文明的决心。

1997年5月，国务院颁布了《传统工艺美术保护条例》，标志着中国在传统工艺美术保护方面迈出了重要的一步。此前，随着社会经济的迅速发展和现代工业的冲击，许多传统工艺美术正面临着生存和传承的困境，如技艺失传、市场萎缩等问题。这直接威胁到了传统工艺美术作为独特文化遗产的生存空间。《传统工艺美术保护条例》的颁布是为了有效地保护、传承和弘扬中国丰富的传统工艺美术，确保这些传统技艺和美术作品能够传播与发展。这些传统工艺美术涵盖了诸如刺绣、陶瓷、漆艺、金属工艺、木作等无形的文化遗产。这些传统工艺不仅在中国有着悠久的历史，而且在世界范围内也有很高的艺术价值和文化意义。此外，国家自1979年开展首届评选以来，迄今已评选出六百多位“中国工艺美术大师”，这是授予工艺美术工作者的至高荣誉。可以说，通过《传统工艺美术保护条例》的实施，中国对本土传统工艺美术的保护工作得到了较为明确的方向和政策支撑，对传统工艺美术工作者的地位和作品价值给予了正面的肯定，进而促进了整个行业的可持续发展。

2003年11月，全国人大教科文卫委员会经过详细调查与研究，组织起草了《中华人民共和国民族民间传统文化保护法（草案）》，并提交全国人大常委会审议。这部草案意图为民族民间文化的保护提供一个坚实的法律框架。这部草案提到了多项针对民族民间传统文化的行政保护措施。行政保护措施可能包括国家层面的扶持政策、专项资金支持、制度建立等，而民事保护措施则可能涉及版权保护、传统知识的所有权和使用权保护以及相关民事责任等。但是，在实际的法律实施方面，该草案并未最终被正式颁布为法律。

2004年4月，文化部、财政部联合发出《关于实施中国民族民间文化保护工程的通知》(以下简称《通知》)。之后，两部门制定了《中国民族民间文化保护工程实施方案》(以下简称《方案》)。《通知》指出：“‘保护工程’是在以往民族民间文化保护工作成果的基础上，结合新时期的新情况和新特点，由政府组织实施推动的，对珍贵、濒危并具有历史、文化和科学价值的民族民间传统文化进行有效保护的一项系统工程。”《方案》明确了民族民间文化保护工程的总体目标、方针和原则，标志着国家层面对民族民间文化遗产保护工作的高度重视和对其紧迫性的深刻认识，旨在通过国家的组织和推动，实施一系列全面的保护措施，从而确保中华民族的非物质文化遗产得到有效维护和传承。

这一时期，国家通过一系列的政策发布和战略规划来启蒙和探索历史文化、传统工艺美术、民族民间传统文化等文化艺术资源的保护工作(图2–1)。在这些政策中，国家不断加深对文化艺术资源的认识和理解，研究并改进保护策略，从而逐步形成了一套相对稳定的文化艺术资源保护机制。这为未来

图2–1　国家为国家级非物质文化遗产传承人颁发的各类奖牌、证书

相关政策的发布以及工作的开展奠定了基础，从而使文化艺术资源保护与发展工作成为一项系统性、长期性的工程。

二、2004年（下半年）至2009年：短暂爆发阶段

2004年，中国加入联合国教科文组织《保护非物质文化遗产公约》（以下简称《公约》）。该《公约》于2003年10月的联合国教科文组织第32届大会上被各会员国通过，并于2006年4月正式生效。《公约》的核心宗旨是为了维护世界各地的非物质文化遗产，这些非物质文化遗产不仅是历史的产物，更是活着的传统，例如口头传统、表演艺术、社会习俗、仪式和节庆活动、对自然界和宇宙的知识以及与之相关的传统技艺等。中国加入《公约》后，采取了一系列措施来保护和传承非物质文化遗产，不仅开始认定非物质文化遗产项目，还配备必要的资源和制度，以实施具有针对性的保护措施。

2005年3月，国务院办公厅印发《关于加强我国非物质文化遗产保护工作的意见》（以下简称《意见》）。该《意见》从四个方面指导各地进一步加强我国非物质文化遗产保护工作，并且附上国家级非物质文化遗产代表作申报评定暂行办法、非物质文化遗产保护工作部际联席会议制度以及非物质文化遗产保护工作部际联席会议成员名单。该《意见》的发布，明确了保护“非遗”的目的、方法和措施，还着重强调要实现有中国特色的非物质文化遗产保护制度的建立，即在尊重和保持各项文化遗产本质的同时，也要结合中国的国情与实际需求去进行保护与传承。同一时间，国务院办公厅发布《国家级非物质文化遗产代表作申报评定暂行办法》，对非物质文化遗产的范围进行明确说明，并对国家级非物质文化遗产代表作的申报和评定工作进行规范。2006年11月，文化部为加强保护工作的管理，特发布《国家级非物质文化遗产保护与管理暂行办法》（以下简称《办法》）。这一管理办法的出台旨在明确非物质文化遗产保护工作的组织架构与责任分配，并提供了一套具体的管理和操作准则。该《办法》，有助于形成全国各级文化行政部门密切配合、共同努力的保护态势，不仅促进了非物质文化遗产的有效保存和传承，同时也体现了中国对本土文化遗产的尊重和对全人类文化遗产保护的承诺。除一般非物质文化遗产之外，商务部、文化部为加强对中国传统品

牌——被称作“老字号”的非物质文化遗产的保护，特于2007年2月发布《关于加强老字号非物质文化遗产保护工作的通知》。该《通知》聚焦于传统老字号保护，从四个方面确保老字号非物质文化遗产得到有力的保护和科学的管理，以期在现代社会中继续传承和发扬其独特的文化价值。通过这些措施的实施，老字号不仅能成为连接过去和未来的桥梁，也能在现代市场经济中发挥其独特的品牌魅力和文化影响力。

2007年3月，国务院办公厅印发《关于转发文化部等部门中国传统工艺振兴计划的通知》(以下简称《通知》)。该《通知》不仅强调了中国传统工艺振兴的重要意义，从目标、基本原则等方面对各项工作提出了总体要求，还发布了具体的任务和保障措施。其中，“拓宽传统工艺产品的推介、展示、销售渠道”“加强行业组织建设”等任务，以保护与发展、传承与创新相结合的方式，振兴中国传统工艺。这种做法不仅有助于保持中国传统文化的活力，也会为经济发展增加新的动力，并在全球范围内充分展示中国的独特魅力。

此外，这一时间国家还发布了多项具有指导意义的文件，例如：文化部等九部委于2006年5月发布的《关于组织开展中国第一个“文化遗产日”活动的通知》，文化部于2007年1月发布的《关于实施中华优秀传统文化传承发展工程的意见》，文化部于2007年2月发布的《各地贯彻落实〈中华人民共和国非物质文化遗产法〉情况评估报告》等。这些政策都是国家响应国际关于保护非物质文化遗产倡议的具体措施之一，彰显了国家在维护文化遗产，尤其是非物质文化遗产保护方面的决心和努力。

三、2010年至2016年：稳中求变阶段

非物质文化遗产等优秀传统文化资源的保护政策需要综合考虑法律、财政、教育、科技、社会等多方面的因素，不断适应社会的发展变化，创新和完善“非遗”保护的方法和措施。这一时期，国家制定及发布了内容更丰富、涵盖面更广的政策，确保保护工作综合且系统。

随着保护理念的变化，国家逐步将优秀传统文化资源纳入文化生态保护区进行整体保护。2010年和2011年，文化部分别出台了《文化部关于加强国

家级文化生态保护区建设的指导意见》(以下简称《指导意见》)、《文化部办公厅关于加强国家级文化生态保护区总体规划编制工作的通知》。其中，《指导意见》强调国家级文化生态保护区设立的条件要“非物质文化遗产资源丰富，分布较为集中，且具有较高的历史、文化、科学价值和鲜明的区域特色、民族特色”，在维护及建设文化生态保护区时需要“加强非物质文化遗产名录项目的保护、加强非物质文化遗产名录项目代表性传承人的保护、加强非物质文化遗产基础设施建设”。通过设立文化生态保护区来保护民间艺术，不仅可以保存艺术形式，而且能够提供持续的生活实践场域，促进文化的活跃传播和有机发展，使得非物质文化遗产成为活生生的社会实践，有助于构建对文化多样性保护的长效机制。

2011年2月，第十一届全国人民代表大会常务委员会通过《中华人民共和国非物质文化遗产法》(以下简称《遗产法》)。该《遗产法》将其与物质文化遗产结合，纳入了国家法律体系之中，并明确了非物质文化遗产保护的法律地位；为非物质文化遗产的保护提供了法律保障，使其可以在法律框架下得到规范管理和有效保护；扩大了非物质文化遗产的保护范围。其中，明确指出“传统美术、书法、音乐、舞蹈、戏剧、曲艺和杂技”受到法律的保障。这有助于民间艺术实践、传承、传播等活动更好地开展，同时有助于非物质文化遗产的多样化发展。该法律的实施，展示了国家对于传统文化的保护和传承所持的坚定立场和明确态度。

2012年2月，文化部发布《关于加强非物质文化遗产生产性保护的指导意见》(以下简称《意见》)。该《意见》呼吁各界“充分认识开展非物质文化遗产生产性保护的重要意义”，并从规范制定、政策发布等方面提出了具体的指导意见。该《意见》标志着非物质文化遗产保护进入一个新的阶段，不仅仅着重于文化遗产的保存，同时强调了生产性保护的策略，即通过活化利用非物质文化遗产来达成保护的效果，确保其可以在当代社会中持续地传承和发展。

可以看到，在这一时期，国家根据时代及环境需要增加了创新的思维和措施。对此，国家在多个层面上、通过多种类型的政策对民间艺术、“非遗”等优秀传统文化进行了有效保护与持续传承，还鼓励和促进了这些文化项目在现代社会中的创新性发展。这些政策举措充分体现了国家对文化遗产保护重要性的认识，以及为了适应时代变化而采取的革新努力。

四、2017年至今：全面繁荣阶段

2017年起，国家从多个维度出发，整合了多方资源，采取了积极的措施，着力推出了一系列政策文件和行动指南。这些政策文件覆盖了优秀传统文化的识别、保护、传承、利用以及推广等多个方面，标志着国家对传统文化的保护和开发采取了更加系统化和战略化的方法。

这一时期，国家继续出台具有指导性和操作性的政策文件。2017年1月，中共中央办公厅、国务院办公厅印发了《关于实施中华优秀传统文化传承发展工程的意见》（以下简称《意见》）。该《意见》结合新的时代条件，传承和弘扬优秀传统文化。其中，该《意见》多处指出保护和传承民间艺术，例如“实施传统工艺振兴计划……开展少数民族特色文化保护工作……实施中华民族音乐传承出版工程”，进一步促进民间艺术的传承与振兴。2021年8月，中共中央办公厅、国务院办公厅印发了《关于进一步加强非物质文化遗产保护工作的意见》，并发出通知，呼吁健全非物质文化遗产保护传承体系、提高非物质文化遗产保护传承水平，以更好地保护、传承和发展非物质文化遗产，促进文化多样性和经济社会可持续发展。这不仅对于中华优秀传统文化的传承具有重要意义，也为国家和世界文化遗产保护的发展提供了宝贵经验。2017年1月，文化部印发《中国非物质文化遗产传承人群研修研习培训计划（2017）》，结合实际、贴近传承人的需求，规划了研修研习培训工作的目标、年度任务、工作内容、教学要求和工作机制等重要内容。这些集专业性、针对性和实践性于一体的研修研习培训计划，不仅有助于提高传承人的专业水平和传承能力，还保证了“非遗”的高质量及可持续发展。2021年5月，文化和旅游部印发《“十四五”非物质文化遗产保护规划》（以下简称《规划》）。该《规划》是为贯彻落实《中华人民共和国国民经济和社会发展第十四个五年规划和2035年远景目标纲要》、国家“十四五”文化改革发展规划和《“十四五”文化和旅游发展规划》所编制的。该《规划》认识到非物质文化遗产发展环境发生重大变化，于是制定了系统性和战略性的保护规划。其中强调非物质文化遗产保护要“围绕新时代新任务……推动非遗为经济社会可持续发展发挥更大作用”。

这一时期，国家开始重视民间艺术与现代社会的对话与融合，发布了多项针对民间艺术的振兴计划（图2–2）。2017年3月，文化部、工业和信息化部、财政部《中国传统工艺振兴计划》（以下简称《计划》）经国务院同意并发布。该《计划》在明确振兴传统工艺的总体要求的基础上，提出了十项主要任务和四项保障措施。该《计划》将为传统工艺的传承与发展提供坚实的基础和全面的支持，促进传统工艺的生机与活力的再次焕发。2019年7月，文化和旅游部发布《关于印发〈曲艺传承发展计划〉的通知》，致力于保护和传承曲艺，弘扬中华优秀传统文化，推动曲艺创新与发展，带动相关产业的繁荣，具有重要的文化、社会和经济意义。

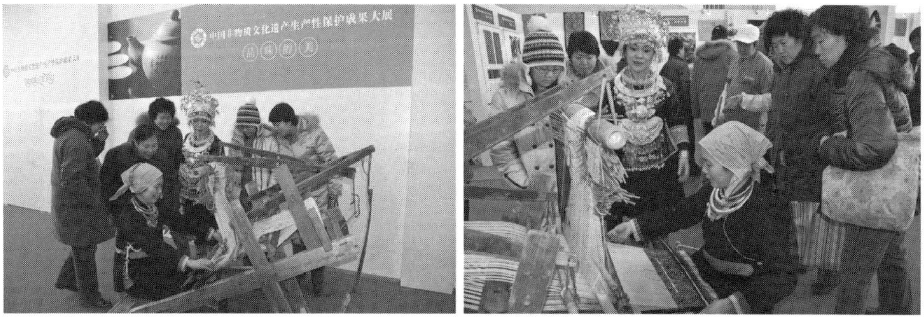

图2–2　国家级“非遗”活动现场

这一时期，国家开始将民间艺术的保护与发展工作与其他工作进行融合发展，具体为以下两个方面：一方面，国家将传统工艺与扶贫工作结合起来。许多贫困地区拥有丰富的传统工艺和独特的手工艺，这些传统工艺往往是当地民众的主要创收来源。通过扶持和振兴传统工艺，可以充分利用贫困地区的特色资源，发展传统工艺产业，以增加贫困地区的就业机会和收入来源，帮助贫困人口脱贫致富。文化和旅游部办公厅于2018年6月发布《文化和旅游部办公厅关于大力振兴贫困地区传统工艺助力精准扶贫的通知》，并于7月与国务院扶贫办综合司印发《关于支持设立非遗扶贫就业工坊的通知》，不仅推动了贫困地区的发展与脱贫，还能使贫困地区的传统工艺焕发新的活力和机遇。另一方面，国家通过政策的发布，将非物质文化遗产与旅游开发工作结合起来。2023年2月，文化和旅游部发布《关于推动非物质文化遗产与旅游深度融合发展的通知》（以下简称《通知》）。该《通知》的实施将推动文旅深度融合发展的落地，同时增强“非遗”传承实践活力，推动

"非遗"系统性保护，丰富旅游产品，提升旅游文化内涵，并促进旅游业的高质量发展。通过这种深度融合，"非遗"得以传承、演绎和传播，为旅游业注入了源源不断的文化活力和新的发展机遇。

此外，国家还发布了多项涵盖"非遗"保护与发展各个方面的政策文件，从物质支持、法律保护，到教育推广和国际合作，形成了一个全面的、系统的保护网络。例如，财政部、文化和旅游部于2022年2月印发了《国家非物质文化遗产保护资金管理办法》，文化和旅游部于2023年11月发布了《评选表彰全国非遗保护工作先进集体和先进个人的通知》。这些文件说明2017年以来，国家从多维度、多角度积极制定、发布一系列规划明确、细节清晰的政策文件，不仅为优秀传统文化的保护和开发工作提供了全新的思维视角和操作路径，也展现了综合治理和多方参与的现代治理理念，为传统文化的活态传承和创新发展注入了强大的动力。

第三节 国家在民间艺术保护与发展工作中的成效与问题

一、国家在民间艺术保护与发展工作中的成效

"一项政策是否有效，应该从两个层面进行评估，即政府的有效性和社会的有效性，前者主要指政府的决策意图得到及时贯彻，后者则指政策的执行符合群众的需要，能够获得群众的支持和认可。"[1]在政府的有效性方面，因为国家强有力的资源配置及权力运行，使国家对民间艺术的拯救与发展成效明显，具体表现在以下三方面。

1. 政策落实：国家艺术构想的实现

改革开放以来，我国艺术领域虽然在整体上得到了快速发展，但是始终

1 欧阳静. 论基层运动型治理——兼与周雪光等商榷［J］. 开放时代，2014（6）：180-190，9.

存在着艺术类别发展不平衡问题。受到市场、审美等因素的影响，油画、电影等艺术类别发展迅速，而一些传统戏剧、传统工艺、传统美术等民间艺术类别却发展停滞，甚至面临消逝危机。为了缩小不同艺术类别之间的发展差距，国家在政策文件以及项目制筛选中有意倾斜于民间艺术项目。国家不仅在多项政策中强调民间艺术，还在项目制申报指南中设立了工艺人才的专项资助资金。一些从事民间艺术的机构及个人在政策及项目制的帮扶下，在市场欠佳的情况下能够维持民间艺术的创排、展演与传播。虽然这一行为并不能实现民间艺术全面复兴的局面，但是对于促进民间艺术发展方面的贡献应该是值得肯定的。可以说，国家通过政策发布及项目制扶持，实现了对艺术发展的宏观调控，平衡了不同艺术类别发展差异，构建出符合自身想象的艺术局面。

2. 队伍建设：地方积极性的调动

通过上述案例可见，国家通过发布政策及设立项目，不仅能为一些长期缺少市场及社会关注的民间艺术机构及工作者提供创作资金，还能给予他们艺术展演、社会荣誉、职称职务及艺术品市场等方面的扶持。国家这一行为，间接让许多从事民间艺术事业的机构及工作者意识到获得国家的资助是提升价值、走向成功的一条必经之路，许多从事民间艺术事业的机构及工作者开始积极踊跃申报项目。此外，还有部分从事其他类型的艺术创作者认识到了民间艺术申请项目的优势，因而采取主动迎合的策略，以民间艺术这类热点形式进行项目申报。立项后，他们会偏向民间艺术形式及风格进行创作。逐渐地，他们形成了固定的创作习惯，最终加入民间艺术创作的队伍。另外，一些地方政府也受到影响，在政策的引导下积极组织地方艺术机构及工作者申报并实践民间艺术项目，进一步推动了地方民间艺术队伍的建设。

3. 狠抓重点：快速打造出亮点工程

国家过去对于资源分配主要是“普及型”，即所有地方公立艺术机构均可按比例得到资助。在这种资源全面分配的体制下，极易造成资源分散、资助范围过大等问题，使国家很难集中有限的资源实现预期目标。当下，国家不再采取普惠性质的政策扶持及项目发包形式，而是发布一些针对性政策及项目，有计划地选择一些基础较好、具有代表性、建设经验丰富的项目作为资助对象。在国家倾斜性支持下，一批基础条件较好、具有核心竞争力的民间艺术项目获得了政策的支持，得到了项目的资助，以及由此带来的财政、市场、政策等多个方面的资源福利。例如一些戏剧类民间艺术项目，不仅得到了较高的资助资金，而且还获得了大量的媒体宣传、交流演出等方面的资源。它们在多个力量的支持下，成长迅速，甚至成为地方乃至国家文艺活动中的“亮点”。此外，一些民间艺术项目也常作为机构或地方政府的“先进事迹”层层上报。一些机构领导也会将民间艺术项目的成功推进作为经验，在多个会议上宣讲。可以看到，这种“扶强不扶弱”的政策发布及项目制实践使得一些基础较好的民间艺术项目发展快速且“亮点”明显，很好地体现了国家行动的有效性。

二、国家在民间艺术保护与发展工作中的问题及反思

国家对民间艺术进行政策支持及项目制治理有效性方面成效明显，但是这一行动却值得反思。无论是政策还是项目，筛选、监督及验收等一系列程序运作都是由国家成立的机构及委派的专家负责，因此，艺术机构及工作者便会以国家的需求作为创作的核心与方向。一些立项者在创作时，始终以国家的满意度来判断项目质量优劣，而对于普通大众的需求与意见则会忽视。可以说，在国家干预下所生产的民间艺术作品，虽为“民间”，但实际更是“以上为主”的精英艺术。但是，我们需要意识到民间艺术作为立足于民间的一种艺术形式，必须与普通百姓的生产生活更加贴近才可以生存与复兴。因此，笔者认为当前国家实践需要从以下两方面进行“亲民化”改进：首先，从政策扶持对象及项目制安排上，应改变“以上为主”的实施模式，将监督与验收的对象不止于国家，还应该包括普通百姓；其次，在政策帮扶及项目资助对象中，可以为一些缺少申报经验的民间艺人提供申报与资助机会，进而充分调动民众参与积极性，实现民间艺术的全面激活。

第四节 本章小结

当前，民间艺术的生存与发展面临着严峻的考验，鉴于我国独特的社会政治经济结构，国家理性选择了政策发布及项目制这种依托特定形式的资源扶持及财政供给实现公共意志的治理方式，来拯救与发展民间艺术。国家的行动，不仅在短期内生产了一批态度正、质量高的民间艺术作品，同时还调动了地方积极性，扩大了民间艺术的创作队伍。并且，国家还实现了艺术类别均衡发展目标，构建出符合自身构想的艺术局面。可以说，国家通过政策扶持及项目制设立在一定程度上化解了民间艺术的流逝危机，使中华大地的宝贵艺术资源得到了一定程度的拯救与发展。但是，民间艺术作为立足于民间的一种艺术形式，若全面复兴必须与普通百姓的生产生活更加贴近。因此，国家对民间艺术的政策扶持及项目制治理应进行“亲民化”改进。

3 第三章

地方政府：民间艺术保护与发展工作中的管理者

地方政府“主要包括地方各级人民政府、地方各级人民政府的工作部门、地方各级人民政府的派出机关、地方各级人民政府工作部门的派出机关以及民族自治地方的自治机关和特别行政区的行政组织”[1]。在本书中，笔者所论及的地方政府主要是指省级或者比省级更小的单位，如市、县等级别的政府组织和管理主体。在《中华人民共和国宪法》中，多次界定地方各级政府的性质以及强调地方政府与国家的关系，例如：“地方各级人民政府是地方各级国家权力机关的执行机关，是地方各级国家行政机关。”“全国地方各级人民政府都是国务院领导下的国家行政机关，都服从国务院。”可以说，地方政府扮演着国家在地区层面安排的管理角色，它们负责执行国家下放的权力，以及代表国家层面管理和处置地方级别的事务和活动。在乡村地区，地方政府扮演着连接国家层面和地方层面的中介角色。它们负责将国家的方针政策和意图传达给村民，同时有责任将乡村的现状和需求反映给国家。

随着对中国行政体系和机制更为深入的研究，一些学者开始认识到，地方政府的立场和行动并不总是和国家或村民的利益完全一致。[2]对于中国市场转型中地方政府角色的研究，国内外学者已经提出了很多有解释力的概念，如“地方法团主义”“地方政府即厂商”“地方性市场社会主义”“村镇政府即公司”“谋利型政权经营者”等。这些分析性概念的提出，基本上都是基于以下制度层面的变革：“(1)我国改革开放之后确立的国家主导的向市场经济转型的发展模式，主要表现为中央向地方、政府向企业放权让利。(2)财政体制改革，特别是分税制的实施使地方政府在财政激励下成为有自身独立经济利益诉求的利益集团。(3)地方政府在地方经济的发展中扮演主导者的角色。由于地方市场经济体系的不健全，企业在获得经营自主权后不得不依靠地方政府的协调与帮助。”[3]因此，越来越多的学者提出，应把地方政府视为社会结构中一个自主的权力实体来对待。

在民间艺术的保护和发展过程中，仅仅依靠“国家—社会”这一双重分

1　任进．行政组织法研究［M］．北京：国家行政学院出版社，2010：60.

2　荀丽丽，包智明．政府动员型环境政策及其地方实践——关于内蒙古S旗生态移民的社会学分析［J］．中国社会科学，2007（5）：125.

3　包智明．内蒙古生态移民研究［M］，北京：中央民族大学出版社，2011：128.

析框架已经不足以完整地描述民间艺术保护的复杂性和它所涉及的各种关系。因此，本章将转向采纳一种三层次的分析方法，也就是“国家—地方政府—乡村”模式。这种方法不再将地方政府简单看作是与国家或乡村利益完全同步的实体，而是强调地方政府在民间艺术保护与发展工作中作为一个独立力量，发挥其重要且独特的作用。

第一节 地方政府在民间艺术保护与发展工作中的主体构成

在地区实践中，民间艺术的保护与发展是一个综合性、多样性的系统工程。它涉及民族文化、传统文化以及地域文化的传承和保护，同时也关系到地方的发展、建设与维护。因此，民间艺术的保护与发展的实践主体通常是具备文化保护开发资格，并且掌握资源、信息优势的地方政府。在具体实践中，地方政府扮演着“掌舵者”和“划桨者”的角色，从而以全面的管理者身份关注着民间艺术的各个方面。

“掌舵者”为省、市级政府，在地方民间艺术保护体系中扮演着不可或缺的主导者角色。他们首先需要在国家与地方之间发挥着重要的连接作用。一方面，省、市级政府需要制定相应的民间艺术保护政策和计划，确保地方实践与国家层面的法律法规保持一致。他们根据地方实际情况设计具体实施方案，推动民间艺术保护工作在地方层面得到贯彻和实施。另一方面，省、市级政府需要根据国家的项目安排，开展一些省市级民间艺术评选及保护项目，并为入选项目者提供必要的财政、资源支持。这些支持通常用于传承人的技术培训、展演活动的举办、保护基地的建设和维护等方面，从而能创造成绩以申报国家级项目。同时，省、市级政府还需要根据地方实际情况，将民间艺术与地方其他产业进行对接融合，以形成合力。例如，他们可能根据地方旅游市场、文创市场等，将民间艺术项目转化为旅游或商品资源。此外，还可能提供税收优惠、贷款和其他经济激励以推动民间艺术的保护和创新。

“划桨者”普遍为两方。其中一方为地方文旅管理部门，即地方政府成立的执行本区域文化治理、旅游规划和资源整合工作的部门。在民间艺术的保护与发展工作中，这些机构需要：其一，执行政策。负责执行文化旅游相关的政策、规划和标准。其二，行业监管与服务质量控制。确保民间艺术保护与发展工作按照规定的标准和法规运行，提高服务质量。其三，产业发展促进。促进民间艺术与旅游业、文创业等行业的融合发展。其四，数据收集与分析。收集和分析地方民间艺术相关的数据，建立项目档案，便于分析研究和决策支持。此外，部分地方文旅管理部门还需要执行资金管理、对外交流、危机处理等工作。

以黔东江口县为例，黔东江口县位于少数民族地区，因自然景观奇特、民间艺术资源丰富，提出了“旅游兴县”战略（图3-1）。21世纪初，国务院及旅游相关部门出台了多项文件，重点挖掘民间艺术、推荐文化旅游。江口县文体广电新闻出版局在国家政策的引导下，开始结合各项文件及“旅游兴县”战略，以民间艺术为亮点打造地方旅游业。2010年，地方政府为了促进文化与旅游发展的融合，全力提升文化旅游的发展水平，将旅游局与县文体广电系统组建为文体广电旅游局。组建后的文体广电旅游局推动了民间艺术和旅游景区的融合发展，使旅游景区凸显地方风格和民族特色，从而提升了旅游景区的文化内涵和价值。从旅游局到文体广电旅游局，各文旅管理部门一直大力挖掘及打造民间艺术。文旅管理部门通过建立健全的保护机制和制度，成功地将诸多民间艺术项目纳入政府管理范围。具体为，文旅管理

图3-1 江口县“旅游兴县”活动

部门加大了对民间艺术的收集、整理和归档工作，建立了一批专门的文化档案馆和图书馆，以便更好地保存和传承这些珍贵的非物质文化遗产。文旅管理部门整合了各类精英，联合民宗局、住建局及文化馆等多个部门，为江口县文旅建设提供人才保障。文旅管理部门将文化挖掘、民俗培训等工作任务分配给部门干事，从而使多方力量助力民间艺术的传承与保护。同时，文旅管理部门积极鼓励和支持当地居民、社区和相关机构参与传统文化的传承活动，如组织传统技艺的培训、举办文化活动等。文旅管理部门在江口县设立了苗学研究会、土家学研究会，并在多个少数民族地区设立了调研基地，以整合文化精英、普通村民参与民间艺术挖掘工作。如今，在文旅管理部门的努力下，江口县民间艺术氛围浓郁，相关产业兴盛。

另一方“划桨者”为政府自建企业，负责本区域民间艺术开发的具体建设及运营工作。在许多地区，民间艺术影响力薄弱，往往缺乏大型的行业企业进入。2014年3月3日，地方政府联合铜仁市交通旅游开发投资集团有限公司成立了江口县文化旅游发展有限公司。该公司注册资本高达4亿元，其中江口县财政局持股49%。文旅公司与地方政府形成联盟，主要从事江口县文化旅游项目建设投资、旅游配套服务、基础设施建设、景区景点开发经营、旅游资源投资融资等工作。2014年，文旅公司重点关注少数民族地区民间艺术的挖掘与打造，快速开展了一系列建设工作（图3-2、图3-3）。文旅公司在一些景区安排了诸多民间艺术活动，具体为组成演艺队，每日向游客表演歌舞、展示习俗。

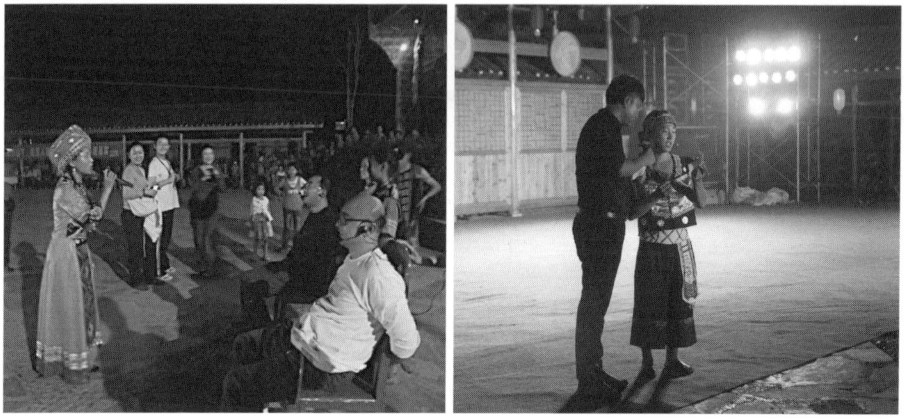

图3-2　文旅公司安排的活动

图3-3　文旅公司拍摄的宣传照

此外，一些乡镇和村民委员会在保护和发展民间艺术方面积极配合“划桨者”的各类工作。这些政府机构中的许多干部都是由上级部门委派的，他们对上级任务的下达持积极态度并及时传达。在进行调研期间，课题组拜访了多位乡镇干部，他们乐于向课题组介绍当地民间艺术的保护与发展工作，有时还带课题组实地参观。特别是一些具备文艺特长的干部，他们非常热衷于完成上级下达的活动组织、技能培训以及汇报展示等工作。在贵州省安顺市石头寨村的调研中，课题组发现当地村民委员会主任还积极申请了蜡染“非遗”传承人的身份。

可以看到，地级市、州政府为“掌舵者”，负责总体规划、资源整合及人力补充；政府文旅管理部门、文旅公司以及乡镇村为“划桨者”，承担着开发建设、市场经营与秩序管理等工作。这种“掌舵者”+“划桨者”的配合模式，使得地方政府凭借资源、信息方面的优势，凭借制度设计及项目执行的专属权益，成为民间艺术保护与发展工作的重要力量。

第二节　地方政府在民间艺术保护与发展工作中的内容

目前，省、市、县级政府充分认识到民间艺术作为当地最具代表性和典型性的名片之一，承载着展示地域特色和发展文化旅游的重要使命。出于对这一宝贵文化遗产的珍视，各级政府积极开展了多项行动，致力于切实保护和发展民间艺术。本节，将以湖南省地方政府为例，认识地方政府在民间艺术保护及开发工作的内容。

一、制定地方性民间艺术保护及开发政策文件

湖南省各级地方政府根据国家指示，结合地方实际情况，出台了多项与民间艺术保护与发展相关的政策文件。这些政策文件不仅致力于加强对民间艺术的保护，还着重促进其可持续的发展，具体涵盖了以下几个方面：其一，湖南省人民政府根据国家文件的指示，出台了一系列地方性保护条例及实施办法，包括《湖南省政府办公厅关于加强非物质文化遗产保护工作的意见》《湖南省非物质文化遗产代表作申报评定暂行办法》等。这些文件明确了保护非物质文化遗产的具体举措和管理办法，为民间艺术的保护提供了有力的制度保障。其二，湖南省文化厅在国家政策的指导下，积极推动民间艺术保护管理工作的落实。这体现在《湖南省文化厅关于印发〈湖南省非物质文化遗产项目代表性传承人认定与管理办法〉的通知》《湖南省文化厅关于加强非物质文化遗产保护管理工作的通知》等文件中。这些文件明确了非物质文化遗产项目代表性传承人的认定与管理办法，进一步促进了民间艺术传承人的培养和管理工作。其三，湖南省政府还注重将民间艺术保护与乡村振兴相结合，推动文化和旅游赋能乡村振兴。这体现在《关于进一步推动文化和旅游赋能乡村振兴的若干措施》等文件中。这些措施通过促进文化旅游业的发展，为湖南省的乡村振兴注入了新的活力，同时也为民间艺术的传承与发展提供了更广阔的空间。可以看到，湖南省地方政府通过发布地方具体保护条例及实施办法、加强非物质文化遗产保护管理工作等措施，为民间艺术的实际保护和可持续发展提供了有力的政策支持和制度保障。

在省级地方政府的引导下，各地市级地方政府结合当地的实情，制定相关的保护措施，出台了一系列民间艺术保护政策。湘西土家族苗族自治州作为一个少数民族聚居地区，拥有丰富多样的非物质文化遗产资源。这些非物质文化遗产承载着当地民众独特的文化传统，具有十分重要的文化、历史和艺术价值。这种地域特色和民间艺术资源的丰富性，使得湘西土家族苗族自治州在

民间艺术保护方面具备了显著的优势和动力。21世纪以来，湘西土家族苗族自治州政府高度重视民间艺术保护工作，将其作为地方发展战略的重要组成部分。他们通过出台各项政策文件和法规，明确了民间艺术保护的方向、目标和措施，提供了民间艺术保障和资金支持。湘西土家族苗族自治州出台并实施了《湘西土家族苗族自治州民族民间文化遗产保护条例》，向湘西土家族苗族自治州各地方普及了非物质文化遗产的概念、特点和重要性，从而传播非物质文化遗产保护的意义和价值。湘西土家族苗族自治州政府印发《武陵山区（湘西）土家族苗族文化生态保护区管理实施办法》（以下简称《实施办法》）。该《实施办法》在第二章重点强调了“非物质文化遗产保护”，并对“建立传统工艺振兴目录”“建立优秀实践项目目录”“开设非物质文化遗产乡土课程（民族音乐、民族舞蹈、民族美术等）”等工作进行了详细布置。《湘西自治州民族民间文化遗产传承人保护管理暂行办法》（以下简称《办法》）为传承人提供了保护和支持。该《办法》规范了传承的管理和保护工作，推动了传承工作的有效开展。此外，还有多个地市发布了相关的政策文件，标志着地市级层面的非物质文化遗产保护联席会议制度正式建立运行。例如，长沙市制定出台了《长沙市非物质文化遗产代表性项目市级代表性传承人认定与管理办法》《长沙市传统工艺振兴计划》等政策文件，张家界市人民政府办公室下发《〈关于建立张家界市非物质文化遗产保护联席会议制度〉的通知》，永州市印发了《永州市非物质文化遗产保护办法》等。这些地方性政策在保护和传承民族民间文化遗产中发挥着重要的作用，推动了“非遗”保护工作的有效开展，并为湖南省丰富多样的“非遗”项目的传承和发展创造了良好的环境和条件。

二、民间艺术保护项目的挖掘与包装

湖南省各级地方政府积极参与申报各级民间艺术保护与发展相关的项目，这体现了地方政府对本地区民间艺术的重视和支持，也为当地的文化传承与创新发展提供了重要保障。当前，国家和省级政府为了更好地推动民间艺术的保护与发展，开展了多项与民间艺术相关的扶持项目和评比表彰活动。每当国家级或省级扶持项目和评比表彰发布时，地方政府都会认真解读，高度重视，并组织人员，周密部署申报材料。在这些申报材料中，地方政府通过多层面、多角度向国家和省级政府展示民间艺术建设成果，全方位地凸显民间艺术保护和发展中的特色与亮点。这些申报材料采用了图文并茂的形式，其中所选图片生动且独特。

具体而言，其一，湖南省地方政府从基础工作入手，对全省范围内的民间艺术进行了摸底和收集。相关部门组织调研，深入各地乡镇，了解和掌握民间艺术的基本情况。他们广泛征集艺术家、民间艺术组织和乡民的意见和问题，搜集民间艺术作品、资料和文献，确保对民间艺术的了解准确全面。其二，湖南省着重鼓励和支持乡镇相关部门积极申报国家级非物质文化遗产、国家艺术基金等项目。他们向各乡镇提供申报指南和相关培训，帮助他们准确理解和掌握申报要求，并提供相关支持和指导。湖南省各级政府还加强与国家相关机构的联络、沟通及合作，推动湖南民间艺术的申报工作。其三，湖南省采取了公正、公开、透明的评选方式，推选多个民间艺术项目参与国家级非物质文化遗产的评选。通过市、区、县级地方政府的推荐、专家的审查以及现场的核实，湖南省确保评选过程的公正性和专业性，推荐出具有代表性和保护价值的民间艺术项目。对于已入选国家级名录的民间艺术，湖南省各级政府高度重视，积极开展民间艺术的保护与发展工作，加大对这些民间艺术项目的宣传力度，扩大其影响力和知名度，让更多的民众了解和欣赏到这些具有独特魅力的艺术形式。其四，湖南省地方政府还加强对民间艺术从业者的培训和支持，为他们提供更好的创作环境和发展条件，从而推动民间艺术得到持续的传承和发展。截至2023年12月，湖南省共有137项国家级非物质文化遗产代表项目和410项省级代表项目，国家级“非遗”项目传承人达到121名，省级“非遗”传承人为304名。同时，湖南省还设置了4个国家和省级的文化生态保护区（试验区），8个专注于“非遗”产业生产的国家级保护基地以及302个不同级别的“非遗”工作室。总的来说，湖南省通过对民间艺术的摸底、申报和评选等各项工作，不仅保护了湖南省丰富多样的民间艺术，还使湖南的文化事业成绩突出，成为非物质文化遗产保护与发展的典范。

三、民间艺术开发项目的发布与利用

近年来，湖南各级地方政府开始对民间艺术进行合理利用与有效开发，从而带动地方经济、文化的高质量发展。首先，在湖南各个地级市、州、区、县，均可以看到地方政府正在通过创建的以民间艺术为特色的旅游产业项目或活动，吸引游客，促进地方经济发展。湖南省湘西土家族苗族自治州文化旅游广播电视新闻出版局、凤凰县政府以苗族歌舞为特色，打造了中国·凤凰苗族“四月八”跳花节。活动现场，苗族的歌声响彻云霄，鼓点震动大地，马鞍山苗寨的跳花坪中心会场人头攒动，场面非常热烈和喜庆。湖南省怀化市靖州苗族侗族自治县以“芦笙”为主要内容，举办了多届牛筋岭苗侗“芦笙节”（图3-4）。活动不仅吸引了来自湖南、贵州和广西的苗族和侗族群众欢聚一堂，还吸引了全国乃至海外的游客前来参与，极大地增加了地方旅游影响力。此外，平江县、汨罗市长乐镇等地方政府也纷纷举办民间艺术节，不仅能弘扬民族优秀文化，进一步繁荣当地的文化事业，还极大地提高游客的兴趣，推动本地文旅行业的建设。其次，一些地方政府开发以民间艺术为主题的产品，并通过现代营销方式进行品牌推广，以增强本地区文化的知名度和吸引力。“南县花鼓”深植于农耕文化之中，它源自洞庭湖地区劳动者的呼号与民谣。近期，南县的地方政府对民间文化活动给予了极大的关注，积极推行基层文化建设项目“五个一”，致力于地花鼓的发掘、救援和保护工作。南县多次主办地花鼓艺术节，这对于提升地方民间艺术，传承民间文化，丰富民众的文化生活，推动精神文明的建设和和谐社会的形成，以及促进文化的兴盛与发展都起到了积极作用，并因此增强了南县地花鼓的影响力与知名度，保障了这一文化形式的有效传承与发展。如今，南县得以凭借其独特的“地花鼓”民间艺术品牌入选了“中国民间文化艺术之乡”。再次，将民间艺术与现代设计和技术相结合，创造全新的产品和服

图3-4 芦笙队排练

务，以带动地方经济增长。近年来，湖南多地政府把建立以民间艺术为中心的扶贫就业工坊作为主攻方向，创新性地开展了“非遗+扶贫”的工作模式。通过打造既符合现代审美又根植于传统的民间艺术品牌，促成地方新的就业和增收的经济增长点。这一策略有效带动了贫困地区的就业和收入提升，精准扶贫成效显著。常宁因其庞大的版画创作者群体、丰富多样的作品和广泛的影响力，享有“版画之乡”的美誉。近年来，常宁市地方政府一直大力打造常宁版画品牌。常宁市采取了多种措施，大力支持常宁版画技艺的培训和产品设计。近期，常宁市通过将版画艺术集成到4A级旅游目的地——“中国印山”中，进一步促进了该艺术形式的发展。如今，常宁市内建有版画研究基地、创作工坊、展览馆和交易中心，在市内各乡村旅游景点都设有销售常宁版画的专柜，促进了文化元素的商业化和文化产品的旅游景区化。现在，以“常宁版画引领乡村振兴”为例的做法，不仅作为全国公共文化服务的标杆案例受到表彰，还成为中国民间文化艺术之乡的典范。可见，地方政府通过民间艺术提高地区的文化吸引力和市场潜力，有助于驱动地方经济增长和社会进步。

四、媒体宣传活动展示

湖南各级地方政府一直在积极通过多层面、多角度的媒体及活动，推广各类地方民间艺术项目。地方政府按照市场规律，通过整合各种宣传资源，旨在提升民间艺术的整体效应。为了达到这一目的，地方政府积极利用主流媒体，如电视台、官网、官方公众号等，对民间艺术进行推广。以湖南地区的湘绣为例。湖南卫视经常制作有关湘绣的特别节目，展示其绣制技艺和文化价值。这类节目通常会在湖南卫视的官方网站或者它们的社交媒体页面宣传。同时，《湖南日报》会发表关于湘绣的专题文章。这些文章涉及湘绣的历史、艺术形态、当代应用或者与湘绣相关的活动和展览。红网作为湖南省委省政府的新闻网站，经常发布湘绣各类文化艺术活动的报道。湖南省文化和旅游部门也会发布关于湘绣的资料，并在推广湖南文化旅游时，将湘绣作为湖南非物质文化遗产的名片重点宣传。由于主流媒体具有极高的公信度和广泛的受众群体，民间艺术因此成为社会关注与讨论的热点话题。

此外，地方政府还积极邀请多家媒体报道民间艺术，以扩大其影响力和知名度。通过媒体的报道，更多人可以了解和欣赏到民间艺术的魅力，进而增加对民间艺术的认知和关注。湘西土家族苗族自治州经常举办各种民俗节日、旅游推广活动以及民族艺术展览。地方政府经常会邀请新闻媒体和社会媒体的博主参与报道。例如，苗年节或苗族银饰文化节这样的节日，政府会邀请各大媒体和社交媒体博主来进行现场报道和传播。地方政府在进行苗族文化艺术品的展览时，会邀请一些传媒公司进行专题报道或制作纪录片。此外，湘西自治州通过打造“美丽乡村”“民族文化旅游”等方面的旅游景点或文化活动品牌（图3-5至图3-7），也会邀请社会媒体参与体验和推广。如今，各种受地方政府邀请所完成的短视频、推文，在抖音、快手、微博、B站等知名的社交平台上传播，不断增加着湘西民间艺术的影响力。

除此之外，在文化旅游相关的大型活动中，地方政府将民间艺术作为当地的亮点名片来展示和推广。通过将民间艺术纳入这些活动中，可以让更多的游客和观众近距离接触和体验民间艺术的独特魅力，进而增加对民间艺术

图3-5 湘西土家族苗族自治州“美丽乡村”活动中的苗族对歌

图3-6 湘西土家族苗族自治州“美丽乡村”活动中的婚俗展示

图3-7 湘西土家族苗族自治州“美丽乡村”活动现场

的兴趣和认同。湖南省常德市举办的“踏寻常德·心灵之旅”特色乡村文旅线路考察体验活动中，当地政府特别推出了一项极具文化特色的板龙灯展演。多名来自被誉为“中国民间文化艺术之乡”桃源县九溪镇的农民艺人，伴随着激昂的鼓点，联袂耍起了一条二百多米长的壮观板龙灯。巨龙随着鼓声舞动，扭曲腾挪，在众人的注视下，展现了农民庆祝丰收时的欢庆时光。这一活动将注意力集中于板龙灯的展示与传承，并以之为亮点，吸引了众多游客和文旅爱好者的眼球。

可以看到，湖南省各级地方政府积极利用主流媒体和宣传资源来推广民间艺术，以提升民间艺术整体影响力。通过宣传、报道和展示，民间艺术获得了更多的关注和认可，为地方的文化旅游发展和艺术传承作出了积极贡献。

第三节 地方政府在民间艺术保护与发展工作中的成效与问题

一、地方政府在民间艺术保护与发展工作中的成效

在国家文化政策的引领和支持下，各级地方政府积极开展了一系列民间艺术保护与发展工作。通过发布政策文件、精心设立相关项目等工作，地方政府应对了建设过程中出现的资金与资源难题，使得众多民间艺术项目得到了有力的保护与合理的推广。这些努力最终铸就了一个卓越的传统文化复兴佳话，展示了地方政府在文化振兴实践中的显著成效和创新精神。

其一，诸多民间艺术项目得到了有效保护与发展。在多地，地方政府组织各职能部门联合行动，对民间艺术项目进行全面调研、系统规划、精心包装和市场推广。一些地方政府成立了民间艺术专项机构，汇聚文化领域的优秀人才进行深入挖掘和研究。这些机构联合各个民间艺术组织、传承人举办了各类文化活动，如民间艺术展览、音乐会、戏剧表演会等，为艺术家提供了展示和交流的平台。同时，机构举办民俗节日、庆典活动，宣传了民间艺术的独特魅力，增强地方文化的凝聚力和吸引力。此外，地方政府为了满足

国家战略需求和市场趋势，实施技能提升培训计划，确保艺术传统的传承与创新。还有部分地方政府采用了开创性的“民间艺术+”模式，持续创新并推广民间艺术衍生产品。一些地方政府借助“民间艺术+”模式，开发出民间艺术研学基地，吸引学校组织学生前来实践学习，同时吸引了网络旅游平台和自媒体平台的广泛关注和推荐。可以说，通过地方政府的不懈努力，原来可能濒临消失的民间艺术得到了更多的重视和支持。一些民间艺术项目展现出活力和创造力，在市场、展演等领域获得了新生。

其二，各级地方政府的政绩显著。随着对民间艺术价值的深入认识，一些地方政府部门提出了以民间艺术为核心的地方发展战略。这一战略旨在通过跨系统、跨部门的整合与合作，深入挖掘民间艺术的文化潜力，打造独具地域特色的文化产品。在国家级标准的挖掘和包装下，这些民间艺术项目逐步演变成地方文化的标志性象征，不仅包含丰富多彩的文化内涵和鲜明的艺术风格，还随着更多的资源与资本涌入而得到广阔的发展空间。借助于地方政府在多个层面上不懈的推广和支持，民间艺术在众多项目中脱颖而出，屡获殊荣。特别值得一提的是，这些地区成功地将民间艺术的保护与发展与当地城镇建设相结合，积极响应国家乡村振兴战略和地方文化复兴的号召，从而使得这些地方获得了诸如“中国民间文化艺术之乡”“全国特色小镇”等荣誉称号。这些荣誉不仅增强了地方的旅游吸引力，还凭借其深刻的文化含义和显著的艺术表现力提升了该地区的文化影响力。可以说，地方政府合理利用民间艺术来促进经济发展，增强了地区的品牌形象，实现了政绩目标，并得到了国家、社会及民众的认可。

其三，民间艺术产生了经济效益。在一些地处偏远、环境恶劣、基础设施薄弱的地区，由于难以发展第一和第二产业，地方政府开始引入民间艺术来促进当地的经济文化产业建设。多个地方政府已经将民间艺术纳入到本区域文化旅游的高层规划之内，着眼于将民间艺术融入现代发展之中。这些地方政府在深入研究国内外成功案例的基础上，策划出一套适合本地区特色的民间艺术保护及发展计划。尤其是一些少数民族地区，地方政府把发展民间艺术作为经济发展的突破口，采取了一些措施来实现民间艺术的经济效益。这些措施主要可以分为两方面：一方面，一些地方政府制定了以民间艺术为亮点的文化旅游产业发展模式。在“国家级非物质文化遗产”和“地方代表性文化”的双重支持下，建成文化景区。当这些文化景区正式对外开放后，旅游价值立即显现，不仅吸引了大量游客前来游览和体验，还丰富了当地旅游产品和服务的种类。另一方面，一些地方政府将民间艺术作为商标进行注册，并支持相关企业进行研发和生产，确保消费者能够购买到集文化韵味、地方特色和实用性于一体的特色商品。这种方式为民间艺术打造了特色品牌，并为当地经济注入了新活力。

如今，在地方政府的积极推动下，民间艺术的经济价值不断扩大，为偏远地区带来了经济增长和就业机会。经过地方政府的积极推动，民间艺术成为地区推动经济发展和民众增收的重要途径，为地方经济的发展奠定了坚实的基础。地方政府的工作不仅强化了一些民间艺术的生命力，同时赋予了传统艺术崭新的经济意义。这一系列举措展现了地方政府在传统文化保护和继承方面的决心与智慧，为其他地方的文旅产业建设提供了宝贵的实践案例。

二、地方政府在民间艺术保护与发展工作中的问题

如今，越来越多的地方政府开始投入不菲的资金，倾注了大量的热情来保护与发展民间艺术。当前，民间艺术保护与发展的规模、速度和成果令人欣喜。然而，除了喜悦之外，我们也应该认识到工作开展中频繁出现的矛盾与问题。

其一，保护过程及目标过于标准化。在田野考察中不难发现，当前的民间艺术保护工作往往趋向于过度标准化。这种趋势源自国家级别、行业协会或商业实体的尝试和积累，形成了一套标准化的建设方法。这些标准化方法在维护民间艺术方面发挥了重要作用：不仅确保了高品质和系统化的现代理念，还通过降低成本和错误概率提升了经济效益。因此，许多地方政府将这些标准作为民间艺术的建设目标来开展工作。然而，值得思考的是，民间艺术的标准化是什么？可以将其视为一种视觉艺术的量化表述，即一种旨在吸引观众的视觉呈现方式，旨在提升游客的注意力和兴趣度。为此，地方政府积极收集引人注目的标志、迷人的图案等视觉要素，以重新塑造标准化的文化资源。例如，在民间舞蹈表演中加入一些耀眼的效果，在工艺品展示中增加丰富多彩的符号。在管理方面，地方政府还尝试将市场化运作模式和综合

管理制度引入其中，以标准化框架指导传承人和乡民开展民间艺术活动。

尽管这种标准化方法在声誉、政绩方面取得了一定的成功，但也导致了民间艺术本质的漂移，丧失了某些独特的文化特征。民间艺术之所以宝贵，是因为各地培育了民间艺术的多样文化形态，在历史长河中赋予了当地居民独特的行为、思维、情感和互动方式。特别是在一些少数民族聚居区，由于文化身份、信仰、观念和商品经济等因素的影响，展现出明显的文化差异。这些差异是每个民族独特的标志，构成了中国文化多姿多彩的画卷。因此，对于采取标准化模式进行民间艺术保护与推广的方法，确实值得商榷。

其二，地方政府干预过多，使得民间艺术出现内容、形式及内涵的异化。目前，经常可见一些民间艺术活动在地方政府的干预下产生与传统民间艺术不相连，甚至对立的结果。一些地方政府将目光聚焦在民间艺术的外在风貌上，采取了一种将艺术作品制度化、格式化的措施，以此构建起一套看似具有正向价值的符号体系。这个体系的建立，不只是为了重塑并指引社区的文化活动和行为准则，它的背后往往隐藏着地方发展、商业建设等目标的驱动。如此一来，整个民间艺术的进化过程显得过分功利化与单向，聚焦在那些外在可见可触的元素，却将艺术作品背后丰富的文化内涵与非凡的精神价值淡化甚至忽略了。这不仅阻碍了当地社群将艺术与他们的本土环境和历史传统相连，更损害了他们通过原生文化逻辑去深刻解读艺术的潜力。

在一些民间艺术项目中，龙不仅仅是神圣的符号，更是权力与威严的表征。借助装点龙像等行动可以在民众心中树立起不可侵犯的印象，但这种行为经常会对龙的本土文化属性视而不见，比如龙所承载的权威性和暴力性质。随之塑造出的符号，虽然通俗易懂、生动有趣、喜庆热烈，但与民间的传统视角及文化思维却发生了割裂甚至冲突，由此可能对本地文化系统造成不可逆转的损害，并妨碍地方政府力量在文化推广上的初衷。与地方政府的目标和影响力相对照的，则是地方民众对民间艺术的期望和需求。他们渴望的是一种艺术形式能凝聚族群的情感，连接精神的纽带，因此对那些内在的深刻含义给予了无比的重视。尽管如此，在已由地方政府引导偏离其根本文化意涵的活动中，民众所寻求的真实性和文化价值似乎变得越来越难以实现，甚至有点遥不可及。在如此的文化演变中，民间艺术失去了它原本的精神指导和内涵传递的角色，它所表达的真实意义被表层的形式所取代，难以真正地获得不同群体的共鸣。文化认同感的差异开始扩大，冲突频发，以至于这种原生的文化传统面临被边缘化甚至消亡的严峻挑战。

这种文化层面的断裂和理解的障碍，很大程度上是由于民众与地方政府存在交流不畅和认识上的差异。地方政府可能会带着自己对民间艺术的预设期待和发展目标开展活动。他们的方法和想法可能并未完全融入当地文化的实际情况和民众的真实需求中。若深入挖掘根本原因，我们可能会发现，在民间艺术的保护与发展过程中，民众与地方政府的利益并未实现真正的均衡和融合。地方政府在追求文化产品的标准化和市场化的同时，可能会不自觉地忽视或者削弱民间艺术所内含的文化多样性与地域特性。这种偏向一种“顶层设计”的开发策略，通常会限制艺术表现形式的多样化，并可能引发民众对于文化同质化的反感和抵触。因此，要求民间艺术的保护与发展同时兼顾商业利益与文化价值，需要一个细腻而周到的平衡机制，确保民众能够在艺术的保护与传播中取得实质性的参与和话语权。这意味着，地方政府在制定政策和实施项目时，应当深入了解民众的需求和期望，采取更为包容和对话的方式，而不是单方面地强加自己的理念。通过这样的互动和沟通，民间艺术可以成为促进文化共鸣和社会和谐的桥梁，而不是双方分歧和冲突的源头。

其三，地方政府在民间艺术保护与发展工作中过度依赖国家项目。目前，地方政府在经费分配上主要依赖来自国家级别的补贴和社会发展基金，以支持民间艺术的保护和繁荣。这些资金来源被视为解决资本瓶颈和发展难题的关键，地方政府对其产生了过分的依赖。为了弥补经费不足并确保民间艺术的传播效果，一些地方政府将这些项目视为发起和维护民间艺术的经济来源，并利用其强大的号召力促进民间艺术的广泛传播。在这些优势的驱动下，地方政府积极提出各种以文化遗产保护为目的的资金申请，将资金争取作为政府工作的重要方向。在州和市政府之间，竞争焦点已转移到这类权益援助项目上，因为这些项目提供了必要的资金支持，帮助地方政府确保民间艺术项目的持续运行和进步。然而，这种过度依赖外部经济扶持的发展模式可能会带来一些副作用。虽然许多备受瞩目的民间艺术项目在名誉上取得成功，但在实施过程中，它们频繁暴露出缺乏坚实的民众支持和后备能力不足的问题。部分原因是民间艺术过去依赖于外来因素推动发展，经常被动地接受外来变革；另一部分原因是它们无法在市场环境中建立积极向前、有利可图的立足点。这导致这些项目在发展路径上往往处于模糊和混沌的状态，无法获得强劲的持续增长动力。尽管如此，整个民间艺术界仍未实现质的飞跃或显著的进步。假设未来国家的项目和资金援助发生削减或撤销，这些依靠外部资金维护的艺术形式将面临挑战，甚至可能倒退。我们对于短期应急措施的过分依赖，并不能为民间艺术提供一个有效和持久的发展途径。因此，我们需要制定更为深思熟虑的策略，提出一个能够全面提升民间艺术质量和可持续性的发展计划。这样的计划应该坚持从长远和全局的角度出发，努力寻求民间艺术发展的多元化和自主化路径，以确保其在未来能够持续蓬勃发展。

第四节 本章小结

在诸多民间艺术保护案例中，地方政府通过合法授权以及资源和信息的掌控，在民间艺术保护与发展工作中发挥了举足轻重的作用。通过一系列合理、策划妥当的发展规划，民间艺术走上了一条坚实的发展之路。在整个保护与发展过程中，地方政府始终以标准化模型和高端市场需求为基础，依靠项目资金应对经济挑战。结果是，在最短的时间内以最低的成本，民间艺术焕发了新的生命力，书写了传统文化保护与发展的奇迹。

然而，我们也必须认识到，地方政府主导的民间艺术保护与发展工作过于追求标准化、模式化。这种建设模式缺乏民众参与和有效沟通，呈现出一种偏离实际的、单向力量推动的趋势。一些民间艺术虽然在外部变化上表现出显著特征，但可能失去了自主控制的空间和明确的发展方向。我们不难预见，如果外部支持停滞或缺乏地方政府支持，民间艺术的发展可能陷入僵局，其未来走向会变得不稳定。这样的结果实际上违背了国家开展民间艺术保护与发展工作的初衷。

4

第四章

企业：民间艺术保护与发展工作中的开发者——以苏州企业为例

近年来，越来越多的企业意识到民间艺术的文化和经济价值，并将其视作企业形象、经济和文化发展的重要突破口。这些企业积极挖掘、包装、再造和推广民间艺术的元素、载体、传承人及历史材料等资源，从而将民间艺术项目或相关产品推向艺术品市场、演艺市场、旅游市场、影视市场以及生活用品市场等领域。随着企业工作的持续推进，我们不难发现民间艺术的主体结构发生了明显变化，从原本与民间艺术实践密切相关的普通民众，转变为各类企业，其中包括生产经营组织机构和个体式的工作坊。尤其是在一些文化产业兴盛的地区，企业成为民间艺术保护、利用和开发的主导者和享用者，是民间艺术的绝对主体。如今，企业对民间艺术项目的干预越来越深入，越来越频繁，甚至决定了民间艺术产业化发展的路径和方向。企业的介入使得民间艺术呈现出了复兴的景象，将其带向了规模化、市场化的新阶段。然而，一些学者已经开始指出，企业的介入也带来了商业化发展的一些弊端，甚至正在逐渐改变着民间艺术的本质。因此，回答民间艺术在市场环境中是否得到了有效保护和合理发展的问题，需要我们深入了解民间艺术企业化、产业化建设的过程，即认识和思考企业主体在其中的行为、作用及所带来的问题。

位于江苏省东南部、太湖东岸的苏州，因其独特的地理位置、深厚的文化传统和繁荣的市场环境，自古以来就聚集了众多商行，商业活动频繁。如今，在市场需求旺盛和政府政策支持的双重作用下，苏州仍然保持着企业的高速发展。当前，一些苏州企业已经意识到了民间艺术的重要价值，并以民间艺术为资源，积极开展文化产业建设。如今，苏州已建成多个以民间艺术项目为资源的文化产业园区，其中姑苏69阁、天工艺品非遗文创产业园、普灵文化创意产业园等园区更是成为苏州文化产业建设的金字招牌。那么，究竟有哪些类型的企业参与了苏州的民间艺术保护与发展？这些企业参与民间艺术保护与发展的优势是什么？企业为主体的民间艺术产业化发展存在着哪些问题？又该如何解决这些问题呢？本章以苏州企业参与民间艺术保护与发展为案例，通过对企业主体的类型、行为和作用的观察，探讨企业介入后民间艺术的保护成效及发展现状。

第一节 参与民间艺术保护与发展工作的苏州企业类型

根据不同的标准，例如结构、等级、地位、员工数量、年营业额、资产规模等，企业可以分为不同的类型。通过对不同规模的企业类型进行说明，可以更全面地了解参与民间艺术保护与发展的企业主体，并认识到它们在推动民间艺术传承与创新中的不同角色和贡献。在此笔者将按照企业的规模对参与民间艺术保护与发展的企业类型进行说明。

一、增加品牌声誉、开拓商业领域的大型企业

大型企业是推进民间艺术保护与发展工作的重要力量之一。"大型企业的主要特征是企业主营业务收入、利润水平、人员数量等规模较大，企业通常属于发展期或稳定期，业务或产品在市场中占有一定的份额，商业模式与市场状态相对稳定，企业拥有多项主营业务和产品，并且涉猎多个行业之中，日常的经营活动主要在于维持现有的市场份额水平与客户群体，抵御来自各方的竞争力量，同时完成对其自身业务和产品不断升级与更新，保持市场核心竞争能力，实现企业进一步发展。"[1]大型企业参与民间艺术的保护与发展工作，可以在树立品牌价值、吸引客户关注、开拓产业领域、建立社会合作及开拓创意产业等多方面实现受益，因此许多大型企业主动投身到民间艺术的保护与发展工作中。

苏州的一些大型企业积极参与民间艺术保护与发展工作。例如，苏州国联投资集团借助丰富的民间艺术资源，创建了普灵文化创意产业园，旨在打造具有文化特色的大型观光旅游景点。目前，普灵文化创意产业园已初建于苏州何山桥，占地面积达1200平方米。该产业园通过与苏州众多"非遗"机构及"非遗"传承人合作，引入了大量具有苏州地方特色的民间艺术项目，如苏绣、核雕、昆曲、苏州评弹等。产业园对各个民间艺术项目进行了积极规划与有效营销，成功将其推向文化旅游市场。该产业园对各个民间艺术项

1 常雪松，张磊. 薪酬体系设计实操全案［M］. 北京：中国铁道出版社，2020：142.

目的挖掘与包装，对于民间艺术申报“非遗”文化传承项目起到了重要的推动作用。正如苏州国联投资集团董事长所言：“产业园将与审核‘非遗’文化传承项目的有关专家建立长期的合作关系。同时，产业园将利用多途径的人脉关系挖掘民间‘非遗’项目，通过相关规范流程进行整理、论证，并请专家审核，帮助相关的单项‘非遗’文化技艺传承人申请‘非遗’项目和认可证书。”目前，普灵文化创意产业园已经取得了阶段性成果。它不仅形成了以地域性和专业性为标志的民间艺术产业集群，呈现出民间艺术区域集聚发展的趋势，同时还成为苏州旅游业的新亮点，吸引了众多游客前来观光打卡，从而带动了区域旅游产业的发展。

苏州园林集团是入选“国家高新技术企业”“全国古建筑施工企业十强”的大型集团。该集团下辖二十多家分公司，拥有风景园林设计甲级、园林古建施工一级、文物保护施工一级等资质。一直以来，苏州园林集团都在致力于民间工艺的挖掘与保护，其中特别关注我国传统建筑流派“香山帮”的营造技艺。苏州园林集团组织专业人才对“香山帮”的建筑、园林营造技艺进行了挖掘、整理与研究，并出版了《江南古建筑工艺系列丛书》和《苏州园林营造技艺》等著作。在此基础上，该集团建立了“香山帮”技艺保护传承目录，并建成数字资源库，收集了大量的“香山帮”技艺图文、音像等资料。此外，苏州园林集团建立了“国家级非物质文化遗产——香山帮古建园林营造技法实习基地”“苏州市香山帮古建营造技艺工程技术研究中心”等产学研平台，以“园林艺术”“木雕艺术”等为主要内容，开展园林、木雕传统营造技艺的培训活动。苏州园林集团还与中衡设计集团股份有限公司、苏州大学国家“一带一路”联合实验室、苏州市非物质文化遗产保护管理办公室等单位合作，共同签订“非遗赋能”示范项目，旨在将民间艺术活动等非物质文化遗产项目进行“创造性转化、创新性发展”，使其融入现代生活。通过这些工作，苏州园林集团成了“世界级非物质文化遗产——香山帮传统营造技艺”的主要传承保护企业，也是弘扬江南文化、园林文化的有力担当者。

二、紧随市场脚步、产品项目集中的中型企业

中型企业是生产规模居于大型企业与小型企业之间的企业。中型企业的

劳动力、生产资料的集中程度低于大型企业。[1]中型企业一般不会拥有多项主营业务和产品，更不会涉足多个行业，而更多地会专注于以某项地区民间艺术为资源进行开发与盈利。对于这类企业而言，经济利润的获取格外重要，因此它们往往以市场需求为导向进行产品开发。一些中型企业已经认识到了民间艺术项目独特性和差异化的重要价值，尤其是以苏州最具特色的民间艺术为资源所打造的产品。如今，苏州涌现出了大量从事本地区民间艺术项目挖掘与产品研发、创作、生产经营的中型企业。它们通过挖掘当地民间艺术资源，形成了差异化竞争优势，并取得了一定的市场效益。

苏州诸多中型企业以手工艺术为产品进行研发与经营，其中丝绸艺术是主要方向。丝绸艺术作为苏州最具代表性的民间艺术之一，不仅是传统工艺的传承，也是地域文化的重要载体。经过千百年的发展与演变，苏州丝绸艺术在中国乃至世界范围内产生了广泛的影响，成为中外人士了解和欣赏中国传统文化的窗口之一。江苏华佳丝绸股份有限公司是以丝绸艺术为产业的代表企业之一，成立于1969年，如今已成为中国唯一一家从"'蚕种DNA基因'、桑品种研发开始到缫丝、织造、服装、丝绸文化的全产业链"的省级集团型生产企业。该公司于2023年3月18日再次荣获2021年江苏省服装行业五十强企业，名列营业收入第25名、利润总额第15名、营业收入利润率第14名。公司充分传承与研发丝绸工艺，并积极挖掘、宣传及提升丝绸文化。此外，为了创造新的经济增长点，该公司依托丝绸文化开展了各项转型升级的尝试，如打造大型景区——中国丝绸文化旅游景区、华佳丝博园。华佳丝博园是一个以"桑蚕茧丝绸"为特色主题的国家级工业旅游景区。根据公司宣传资料介绍，华佳丝博园"占地237亩，包含丝绸研发中心、生态休闲体验中心、生态桑林和百桑园、技术培训基地、品牌创意设计园等功能区"。部分项目为游客提供讲解与体验服务，使游客在沉浸式观览后充分了解农桑文化、丝绸文化、江南水乡文化。苏州太湖雪丝绸股份有限公司也是一家集丝绸研发、设计、生产、销售于一体的企业。该公司主要将丝绸艺术运用于蚕丝制被领域，创新研发出蚕丝被、床品套件、丝绸饰品、丝绸服饰四大产品系列。除了上述两家企业，苏州还有许多其他丝绸企业，它们也以丝绸为

1　杨卓舒．中国市场经济大辞典［M］．北京：中国经济出版社，2000：976.

产品，不仅获得了独特性和差异化的竞争优势，同时也树立了企业的品牌形象，拓展了市场机会和商业潜力。

除了丝绸艺术之外，还有许多中型企业以其他民间艺术项目为资源进行挖掘与开发。苏州红木艺术就是其中之一。苏州红木艺术是苏州地区的一种传统手工艺术，以精湛的木工技艺、优质的红木材料和独特的艺术风格而闻名。如今，这种艺术不仅展示了苏州地区的文化传统和手工艺精神，也为消费者提供了一种高雅、古典的家居装饰方式和收藏选择。苏州市浩强红木工艺家具厂、苏州市光福苏福红木工艺厂、常熟市东方红木家具有限公司、苏州市吴宝轩古典家具厂、吴中区光福明仕阁古典红木家具厂、苏州市红木雕刻厂有限公司等企业都是生产苏州红木产品的代表。这些企业致力于打造真材实料、品位高雅的红木产品，并在实现企业盈利的同时积极推广红木工艺文化。

金镶玉工艺是苏州地区的一种传统工艺：在玉器上使用金线进行雕饰，使器物展现出华丽高贵且精美绝伦的特点，具有较高的收藏和艺术价值。苏州子冈珠宝公司是一家以传统苏工金镶玉工艺为资源进行创新研发的珠宝公司。该公司创立的子冈珠宝品牌被认为是“沿用年代最早的珠宝品牌”，目前已经被载入吉尼斯世界纪录。通过老、中、青三代传承人的共同努力，苏州子冈珠宝公司在传统苏工金镶玉工艺基础上研发出了“混嵌金银丝”技艺，其产品在一条玉槽内同嵌金、银丝片，制作精美。除了子冈珠宝公司，苏州市老万年金银有限公司以传统金银丝镶嵌技艺制造产品，苏州旗云上漆器有限公司通过平磨螺钿、浅灰平刻等技艺制作漆器产品，苏州市吴中区太湖传统雕刻厂则通过传统雕刻技艺制作纯手工雕刻产品。这些中型企业不断以民间艺术项目为资源，进行挖掘、研发与创新，打造出大量具有文化特色、艺术性和创意性的民间艺术产品，在壮大企业的同时对民间艺术进行了革新。

三、艺术精英主导、专注单项产品的小型企业

小型企业一般指生产规模小的企业。小型企业的劳动力和生产资料的集中程度低。小型企业的主要优点是：投资少、建设周期短，经营弹性大，应变能力强。小型企业有利于充分发挥劳动力资源丰富的优势，有利于利用分

散的自然资源。小型企业的弱势主要是："在主要技术经济指标方面，一般不如大中型企业好。"[1]苏州作为中国经济发达的城市之一，拥有众多小型企业。苏州市政府持续推进创新创业政策，提供了良好的商业环境和支持措施，以保障当地小型企业持续高质量的发展。这些主要集中在民间艺术领域的小型企业，主要可以分为以下两种类型。

其一，坚守民间艺术，展现地方传统的小型作坊一直是保护与传承民间艺术的重要主体，在传统农耕社会尤其如此。这些作坊根据民众的生产和生活需要，结合地方特色和艺术思想，制造出大量珍贵的民间艺术品，丰富了当地文化。苏州作为中国历史文化名城，曾经拥有大量这样的民间艺术作坊。近年来，在政府政策的支持、旅游市场的需求和艺术人才的聚集等因素的共同作用下，各种民间艺术作坊以小型企业的方式开始运作。

在手工艺术方面，一些小型企业以个人或家庭为单位，通过传统技艺制作手工艺品以进行产品销售和推广。成立于2012年1月17日的苏州工业园区的家明织造坊就是这样一家小型企业。该坊的负责人周家明精通宋锦织造技艺，并且至今仍然使用手工织机制作布料。现在，该坊依然推出着许多精美的宋锦产品，并积极研发高代四经绞罗、漳绒漳缎等产品。这些贡献使得该坊被列入苏州市级非物质文化遗产代表性项目新增保护单位名单。另外，吉金堂是一家位于平江历史街区的文化艺术有限公司，秉承苏州仿古铜器制作技艺，制作出具有地域特征和古朴质感的仿古铜器。其作品"冲天耳炉""海棠炉"分别入选了台北故宫博物院南院明代茶室陈设展示及中国美术学院民艺博物馆。

在表演艺术方面，一些民间作坊在传统技艺的基础上开展了丰富多彩的民间表演艺术活动。琵琶语是一家成立于2017年8月4日的评弹艺术馆，致力于演绎和推广苏州评弹。它是苏州唯一一家拥有国家知识产权认证的评弹艺术馆。琵琶语位于苏州市古城区历史文化街区平江路189号民国花园一楼，虽然规模不大，但自开业以来已吸引了数百万观众。其中的《秦淮景》《声声慢》等曲目备受好评，推动了苏州评弹艺术的合理保护与推广。

其二，致力于挖掘传统资源，创造文创产品的文化公司。于生一国玉天

1　杨卓舒．中国市场经济大辞典［M］．北京：中国经济出版社，2000：976.

工（苏州）数字科技有限公司成立于2021年，专注于文化艺术产业。该公司主要依托苏州传统玉雕技艺，致力于玉雕产品的研发与生产。如今，公司已经形成了采购、雕刻及销售的全产业链，并推出了多款深受市场欢迎的玉雕产品。2022年1月14日，该公司与苏州博物馆合作推出了备受瞩目的2022年春节贺岁祥瑞福象，造型精致小巧，神态憨厚可爱，一经推出即销售一空。“意马堂”则是一家成立于2018年12月10日的文化传播有限公司。该公司致力于经营设计、代理、广告等传统文化传播业务，还积极进行文创设计。目前，公司组建了一支由9人组成的文创设计团队。他们从苏州民间艺术中汲取灵感，创作出丰富多样的文创产品。该公司总经理表示：“在这样一个多元化的时代，传统文化需要用更年轻的话语去表达，咱们苏州有两千五百多年的历史文化积淀，有太多元素可以用来提炼设计成文创产品，我觉得这也是苏州文创设计师们肩负的使命吧。”

除了前述的小型企业，还有一些由工艺美术大师和代表性传承人创立的个人工作室。这些工作室由这些大师和传承人领导，积极推动着民间艺术的传承和发展。比如，周渊平专业设计工作室是由姑苏区非物质文化遗产传承人周渊平创建的，专注于蟋蟀盆制作设计。目前，该工作室以周渊平为主创，推出了数百件新品和新作。其中一些作品对蟋蟀盆的外观、大小、厚薄、深浅等方面进行了创新，备受蟋蟀盆收藏爱好者的赞赏，并入选了国内的“工艺美术精品展”，并且在“苏艺杯”中获得金银奖。另外，金国荣剪纸工作室是由苏州市工艺美术大师、剪纸项目代表性传承人金国荣创办的。金国荣近40年来一直坚持剪纸艺术创作，他的作品具有极强的姑苏剪纸特色，被国内外多家博物馆和美术馆所收藏。同时，金国荣还积极参与社区和学校组织的各类姑苏剪纸体验活动，积极传播姑苏剪纸艺术。除此之外，光福玉韵春秋玉雕、卢建英刺绣、崇文乐坊等工作室在当地也享有很高的声誉。这些传承人都为各自的工作室提供了专业指导，确保了民间艺术的传承和发展。

可以看到，小型企业在保护和传承民间艺术方面发挥着重要作用。首先，这些企业通常由小团体或家庭成员经营，他们始终坚守着民间艺术和传统技法，确保这些宝贵的技艺得以传承。小型企业还允许民间艺术精英们直接监管艺术创作过程，以确保传统技艺的准确性和完整性。其次，小型企业提供了一个相对安全的创作和展示环境，使得民间艺术精英能够自由地表达和展示他们的作品，而不受商业化和标准化的限制。这些企业通常为家庭消费或小范围交流而存在，这种相对小众的属性有助于民间艺术保持其独特性和个性化。此外，小型企业也提供了一个传授技艺的平台，让民间艺术精英可以将他们的知识和技能传承给年轻一代，从而确保民间艺术的延续和发展。

第二节 企业在民间艺术保护与发展工作中的作用

当下，越来越多的企业投身到民间艺术的保护与发展工作中，成为推动民间艺术发展的重要角色。企业在资源、技术及市场运作等方面具备一定优势，对于民间艺术保护、传承及发展起到了多方面作用。

一、提供资源资金支持

民间艺术的传承与保护不仅需要对项目本身进行挖掘、培育与保护，同时还涉及人员培训、活动组织、宣传推广及产品研发等多个方面，需要大量的资源资金支持。目前，诸多民间艺术失去了生存的土壤及发展的环境，常因为资源资金不足导致无法继续传承与发展。企业通常拥有相对较强的资源资金实力，能够投入大量的资源资金用于民间艺术的传承与发展。

在资金支持方面，一些具有强烈的责任担当意识的企业通过提供资金支持，为苏州地区的民间艺术发展提供了助力。苏州银行作为苏州地区唯一的城市商业银行，要求各分行、支行在文化行业信贷中“开发多元化渠道，丰富文化金融创新产品种类，促进文化行业信贷业务健康、快速发展。”[1]之后，苏州银行以“传承苏州吴韵今风，扬帆文化金融蓝海”为主题，开展了多项措施进行文化金融服务创新工作。在民间艺术方面，苏州银行在《苏州

1　乔桂明．文化产业的金融支持与服务创新［M］，苏州：苏州大学出版社，2013：135.

银行争做文化金融的领跑者》中说明："加大金融资源投入，推动传统文化艺术的产业化、规模化和金融化。为传统工艺大师量身定制的免担保'大师贷'文化金融项目，面向省市级以上工艺美术大师、非遗传承人等。凭大师个人信用发放贷款。还有文化艺术品的投资理财。""大师贷"具体指"苏州银行向在传统文化艺术领域内有突出成就，并以创作销售艺术品作为主要收入来源的借款人发放的，用于家庭消费或者生产经营的个人贷款业务。'大师贷'可采用信用方式发放贷款，借款人也可追加其他担保方式用于提高贷款额度。"只要年龄为25周岁至65周岁，借款人连续从事传统文化艺术专业10年以上的中国公民均可以申请"大师贷"。国际工艺美术大师、江苏省工艺美术大师、澄泥石雕手艺传承人蔡云娣积极申请了"大师贷"，并获得了1000万元随取随用的授信额度。有了"大师贷"的坚强后盾，蔡云娣成功创办了"苏州市新石器时代古建营造工程有限公司""苏州市康艺石材饰品有限公司""苏州市吴中区木渎蔡云娣石雕艺术工艺厂"三家规模生产石雕艺术的基地。为了更好地进行销售与推广，蔡云娣还设立了"苏州金阊区山塘街石艺斋"及"苏州工业园区蔡云娣江南三雕艺术馆"。在"大师贷"资金的保障下，蔡云娣创办的公司取得了良好的效益。苏州新闻网刊发《"大师贷"让传统工艺从容前行》一文指出："苏州市康艺石材饰品有限公司2010年主营业务收入420万元，净利润46.26万元，2011年主营业务收入603万元，净利润71.92万元。不管是主营业务收入还是净利润都呈现增长的态势。而于2011年8月注册成立的苏州市新石器时代古建营造工程有限公司，注册资本100万元。2011年主营业务收入35.12万元，今年以来累计实现收入38.73万元，利润5.22万元。"吴中区非物质文化遗产传承人、青铜器玉雕大师马洪伟曾向苏州银行申请到"大师贷"500万元的授信额度。贷款解决了马洪伟玉石原料采购费用较高的难题，使马洪伟能在充分的玉石原料的供应下创作玉雕作品。如今，马洪伟不仅继续创作玉雕作品，还积极探索青铜器玉雕，其作品精致美观，细腻生动，多次在江苏省、苏州市工艺美术协会等机构举办的大赛中获奖，并入选大英博物馆、中国美术学院民艺博物馆、江苏省工艺美术馆、苏州工艺美术职业技术学院美术馆等机构举办的艺术展。工艺美术师、红木技艺传承人宋卫东申请到"大师贷"800万元的授信额度。宋卫东将贷款用于红木的购买，从而确保了创作初期有稳定的材料来源。

在稳定的经费帮扶下，宋卫东艺术创作日趋稳定，并成功创办了苏福红木厂。目前，该公司销售情况平稳，销售额在2012年就超过千万元，资产总额在5000万元左右。此外，宋卫东还通过苏州银行这个平台展示及推广红木作品，传播红木文化。可以看到，苏州银行为工艺美术大师、“非遗”传承人提供的“大师贷”资助，不仅有效解决了手艺人在民间艺术创作中的经费问题，推动了民间艺术的传承与保护，同时还使银行的金融服务与文化产业进行了充分的交融互动，打造了更为完善的文化金融服务平台。可以看到，企业为民间艺术的保护及传承提供资金支持，帮助民间艺术家进行创作、生产和推广，在这一过程中，民间艺术使企业的形象及产品更具独特性和文化内涵，增强了企业市场竞争力。

除了资金之外，企业还提供其他资源助力民间艺术的保护、传承与开发。目前，苏州一些企业充分调动各方面的资源，形成合力，实现民间艺术保护与发展相关工作的有效开展。苏州园林集团以“香山帮”为内容制定了“香山人才培养计划”，整合各方资源搭建传统技艺人才培养平台。苏州园林集团与联合国教科文组织亚太地区世界遗产培训与研究中心、亚太地区世界遗产培训与研究中心古建筑保护联盟，申请了“联合国教科文组织亚太地区世界遗产培训与研究中心古建实习基地”。此外，苏州园林集团积极与高校建立产学研合作平台。苏州园林集团旗下的苏州园林发展股份有限公司与苏州大学被批准合作设立“江苏省研究生工作站”，为学生提供“古建及园林艺术”方面专业实践、社会认知及科学研究的创新实践基地。苏州园林集团与苏州旅游与财经高等职业技术学校合作，让香山“非遗”班学员在该校的工艺美术技艺传承基地了解与体验木作、盆景等技艺。此外，苏州园林集团还与苏州农校、苏州电子信息技师学院、苏州旅游财经学院建立合作关系，通过专业课程的教授培育园林、古建技艺人才。这种以民间艺术为契机开展校企合作的方式往往能达到双赢效果，企业可以借助高校资源解决企业科研、设施等问题，高校可以借助企业平台、项目、基地更好地推动人才培育工作。此外，苏州园林集团还积极与中国建筑工业出版社合作，在出版社的“中国传统建筑文化服务平台”中加入苏州传统建筑版块，从而推动苏州古建技艺数字化保护与发展。如今，在各方力量的合作、整合及优化下，“香山帮”在海外的文化影响力得到了扩展，从而实现了在守正创新中对“香山帮”技艺的发扬光大。

企业资金与资源的支持，使得更多动力注入民间艺术的保护与发展之中。这种动力不仅解决了民间艺术的生存问题，还使民间艺术获得了长效发展的保障，从而走上了可持续发展的道路。

二、产品技术支持

随着社会经济的发展和科学技术的不断进步，民众的生活环境和生活方式正在发生转变。然而，许多民间手艺人的技艺无法满足现代社会的需求，导致许多传统民间艺术产品与民众生活渐行渐远，逐渐被时代淡忘。企业在技术研发、创新和经验积累等方面拥有一定的优势，能够为民间艺术提供必要的技术支持，具体体现在以下几个方面。

首先，设计和创新。目前，诸多企业对传统的民间艺术进行现代设计与创新研发，从而打造出具有创新性、独特性及时代性的全新产品。苏州弥惟文化艺术有限公司是一家将科技与民艺、坚守与创新相结合的企业。公司拥有员工20余人，其中，公司总经理张雪是“姑苏绣郎”、薛氏刺绣第四代传人。张雪通过长期的学习和实践，掌握薛氏刺绣技艺的核心要素和技巧，具备丰富的实际操作经验。苏州弥惟文化艺术有限公司通过一定的调研整理了《用创意和改变赢得市场当一名传承创新苏绣的姑苏绣郎》一文。文中指出一些民间艺术“产品种类单一、题材老旧，缺乏创新。同时，传统市场目标人群过于集中，基本以中年人为主。公司将部分目标客户转向25岁至40岁的中青年人群，开始有针对性地推出原创性的苏绣产品”。公司根据年轻群体的消费特点，尝试新题材、新工艺及新形式，创作出极具个性化、极富时代性的苏绣定制产品。在题材方面，苏州弥惟文化艺术有限公司定制了“星空”“涟漪”等具有独特个性化的主题，根据主题，结合新颖的表现形式和个性化的艺术语言，引发年轻人的兴趣和思考。在工艺方面，苏州弥惟文化艺术有限公司将科技与工艺进行充分结合，创造出具有独特的艺术形式、与年轻人的数字化生活方式相呼应的作品。例如作品《玉兰花开》，“通过精密的设计和刺绣工艺，把记忆合金‘藏’在了花瓣和蝴蝶的翅膀里，如一片翅膀里有两片合金，当一个温度触发后，两片记忆合金发生形变，向不同的角度牵拉，形成了花瓣缓缓绽放，蝴蝶扇动翅膀的动态效果。这是科技、文化和意趣共存的技艺，动与静的互通，在欣赏苏绣的同时与之产生交互，这一创新跨界制作，改变了传统苏绣的艺术表现形式，表达出新的思维和意义。”在形式方面，苏州弥惟文化艺术有限公司创作了《斑竹鸟鸣》等13件具有代表性的文创产品。这些产品以新颖的题材，结合趣味的形式进行表现，深受年轻消费者的喜欢。可以看到，从题材、工艺及形式上，苏州弥惟文化艺术有限公司都在不断开拓创新。这些努力，使苏州弥惟文化艺术有限公司扩大目标市场销售人群，取得了市场盈利，更是与阿里巴巴、腾讯、网易以及耐克等大型企业建立了长期合作关系。同时，公司作品还多次获省级、市级大赛的金奖，并在国家博物馆等地展出，收获了众多重量级荣誉。

其次，专利及认证。知识产权制度能够保护企业的创新成果，确保企业能够获得合法的权益和回报。通过获得专利，企业可以对自己的发明、创新技术掌握绝对的使用权及话语权，从而在市场竞争中保持竞争优势。企业在专利及认证支持方面通常具备丰富的经验，因此对民间艺术的保护与创新有一定的积极作用。企业可以针对民间艺术的创新研发进行专利申请，确保产品的版权认证，从而为产品增加认可度和附加值。苏州弥惟文化艺术有限公司已针对民间艺术产品自主申请2项发明专利、10余项实用新型专利、30余项外观设计专利。其中“单脚座桌面屏风”专利是一种包括支架和屏风本体的屏风。专利详情介绍：“该支架上端面开设有卡槽。该卡槽形状与屏风本体的下端形状相同，使屏风本体滑动卡装在卡槽内，本实用新型结构简单，摆脱了传统的多脚架与屏风本体组装的结构，更加方便地实现桌面屏风的摆放，节省原料成本，方便加工，降低生产难度。”此外，一些公司认识到IP（知识产权）可以确保创作者在一定时间内对其创新成果享有独占权，防止其他人未经授权进行侵权行为，因此积极申报IP（知识产权）。苏州老万年金银有限公司负责人戚春兰与18位吴门画家以《锦绣苏州》为主题，创作了云集苏州各类经典名胜与地标建筑的巨幅中国画长卷。苏州老万年金银有限公司将该长卷申请为IP（知识产权），并以其为素材开发了一系列衍生产品，例如金条、银条、邮票、画册、苏绣、真丝围巾等。这些产品很好地展现了苏州的文化特征及城市风采，成为炙手可热的文创产品。可以看到，企业通过获得专利，让民间艺术的创作者及传承者能够对自己的项目及作品享有合法权益，维护自己的创作权益，防止他人进行不正当使用或恶意抄袭。可以说，企业通过专利的申请与保护，强化了民间艺术的声誉和信誉，推动了民间艺术的繁荣和发展。

再次，数字化保护。2023年2月，苏州印发《苏州市关于贯彻落实国家文化数字化战略的行动计划（2023—2025年）》。该计划鼓励民营企业和社会资本积极参与苏州戏曲、丝绸纹样等民间艺术项目的数字化建设工作，例如专题数据库建设、数字化产品的研发等，从而共同推荐文化数字化的苏州样板。一些苏州本地的企业抢抓文化数字化战略机遇，积极开展民间艺术的数字化保护行动，让“数字”技术更好地赋能民间艺术。苏州文化投资发展集团一直致力于丝绸纹样数字化保护与利用。苏州文化投资发展集团先后与苏州丝绸博物馆、中国昆曲博物馆（苏州戏曲博物馆）、苏州湾博物馆等多家文化单位达成合作，通过资源、技术共享，形成并进力量以推动丝绸纹样数字化保护与利用。苏州文化投资发展集团与合作单位预计运用到人工智能、算力网络等技术建设一个庞大的丝绸数据库。该数据库将向全社会提供服务，便于丝绸艺术得到更好的转化、应用和传播，从而激发丝绸艺术的创新活力。中数文化大数据有限公司成立苏州分公司，并设立以苏州为中心向周边长三角进行辐射的国家文化大数据江南采集基地。该大数据江南采集基地采用了“二维+三维”的数字技术，对本区域的一些民间艺术、传统建筑等文化资源进行了数字化采集和数据处理。目前，基地的数字化采集工作已全面展开，将为全国其他区域的文化大数据采集工作提供技术借鉴和案例参考。

此外，企业在工艺研发、材料采购等方面给予了民间艺术的项目及产品一定的技术支持。通过这些技术支持和合作，企业帮助了大量民间艺术在现代社会中获得了生长活力和发展机会，从而使民间艺术得到了有效保护与合理传承。在各个企业所营造的技术支持热烈氛围中，不仅民间艺术等文化资源得到了较好的保护与发展，同时也使得苏州得到了突破性发展，为成为民间艺术保护与发展示范城市奠定了扎实基础。

三、市场运作推广

在市场环境中，企业为了实现销售盈利增加、市场份额扩大和品牌价值提升等目的，通常会高度重视产品的市场运作和宣传推广工作。企业在市场运作和宣传推广方面所具备的技术与经验，以及所积累的媒体、设备、传播技术等资源优势，可以有效地支持和帮助民间艺术的推广与传承。

其一，与商业伙伴建立合作，通过跨界合作推广民间艺术项目及产品。企业通常具有广泛的资源优势，可以利用自身的品牌影响力和市场关系网与民间艺术项目建立合作，从而在推广产品的同时扩大民间艺术项目的影响力。这种跨界合作可以使民间艺术项目及产品增加在市场中的曝光量和认可度，吸引更多目标消费者、艺术爱好人士的关注。苏绣是苏州最具代表性的民间艺术项目，不仅具有独特的艺术表现形式、文化价值与历史底蕴，同时还极具可塑性和适应性。这些特点让许多企业认识到苏绣在跨界合作中具有较大的潜力和优势，能够为合作方的产品带来独特的艺术美感、文化内涵和商业机会。目前，诸多企业积极主动地与苏绣机构或传承人取得联系，通过跨界合作的方式将苏绣元素融入企业产品。例如，以苏绣为元素创造的《王者荣耀》游戏角色服装、高尔夫“故宫宫廷文化联名系列”服装、BMW7内饰纹样等。这些产品不断以苏绣为灵感进行创新拓展应用，形成了以苏绣为代表的民间艺术时尚风潮。

其二，搭建线下平台，通过实体服务展示销售民间艺术项目及产品。线下平台方面，主要包括线下展示及线下销售两部分。其中线下展示部分，表现为学术会议及线下展览两类。

第一类，学术会议。企业组织的学术会议，能够推动民间艺术保护领域的学术进展、政策优化和实践创新，为民间艺术的保护与发展提供更加有力的学术支持和保障。苏州古城投资建设公司联合苏州当代艺术之窗、中国产业信息网江苏融媒体中心等企业，搭建以“传承非遗之美、创新时代文化活力”为主题的“非遗”文化沙龙。沙龙邀请行业专家学者、传承人、媒体人等参与者通过会议发言、圆桌探讨等方式，共同为苏州民间艺术的转化利用及传承发展提供学术指导。

第二类，线下展览。企业开展的线下展览对民间艺术的保护与发展具有传播、引导、教育、交流等多方面的帮助。通过线下展览，民间艺术的价值和独特之处得以展示和传递给公众，从而促进民间艺术保护相关人士的交流与合作。苏州如意檀香扇有限公司、苏州祥韵檀香扇有限公司、苏州吴门扇艺文化传播有限公司联合协办了苏扇精品展。该展览让更多目标消费者了解和喜爱苏扇艺术，从而有助于推动苏扇产业的发展与壮大。除了组织展览之外，还有诸多企业积极参与各类政府、机构举办的线下展览活动。其中，苏州诸多民间艺术企业积极参与进博会、文博会、展销会等展览活动。进博会是“中国国际进口博览会”的简称，是中国举办的国际性贸易展览会。进博会旨在促进贸易自由化和经济全球化，吸引全球买家、供应商和合作伙伴参与交流与合作。连续几届的进博会中，苏州都设立了专门的展区，吸引了诸多本地民间艺术企业前来展示与交流。苏州上久楷丝绸科技文化曾多次参与进博会。在第三届中国国际进口博览会中，苏州上久楷丝绸科技文化有限公司将展位扩大至150平方米，通过宋锦古花楼木织布机展示、手艺人现场演绎、产品实物体验等方式全方位展示丝绸产品。在精心布置的展览现场，到访观众被精美、璀璨且时尚的丝绸产品所吸引，深深领略到了苏州丝绸艺术的魅力与价值。线下销售方面，一些企业会开通线下销售门店。诸多中型企业均开设实体店铺或者合作场所，在销售产品的同时提供给消费者一个可以亲身体验文创产品的场所。苏州太湖雪丝绸股份有限公司开通线下直营专卖店进行直销和分销。目前，太湖雪丝绸直营店共20家，除2家在北京之外，其他18家均在苏州。太湖雪丝绸直营店会不定期组织线下体验活动，吸引更多潜在客户和粉丝关注太湖雪丝绸。还有诸多企业参加展会和活动进行销售。其中，诸多中型企业积极参加相关的文化创意产业展览、文化艺术活动等，展示和推广文创产品，吸引潜在客户与品牌合作伙伴。苏州绣娘丝绸有限公司积极通过参与展会展示展销产品及弘扬丝绸文化，其参会活动包括2010年中国上海世博会、2015年意大利米兰世博会、2017年哈萨克斯坦阿斯塔纳世博会、2020年阿联酋迪拜世博会等。展会中，苏州绣娘丝绸有限公司与相关领域的合作伙伴、协会、机构等进行洽谈与合作，达成了“进行跨界合作推广，互相促进品牌曝光与知名度”的合作目标。15家企业与苏州市非遗办设立的“非一般的甄选铺”合作，在线下店铺中推广与销售产品。“非一般的甄选铺”还开设了活动体验室，邀请访客在丰富多彩的活动中接触并喜欢上民间艺术。通过合理的推广与销售，不仅企业实现了盈利，民间艺术的知名度也得到了显著提升，最终实现了经济效益与社会效益的双丰收。

其三，开拓线上渠道，通过“互联网+”推广民间艺术项目及产品。一些企业会建立线上销售渠道，为民间艺术推广传播提供“互联网+”支持和服务，从而赋能民间艺术项目的高速发展。苏州太湖雪丝绸股份有限公司在天猫、京东、亚马逊、Ebay等平台开通了线上销售渠道。苏州太湖雪丝绸股份有限公司对各个数据进行了整理统计：“2020—2021年天猫商场蚕丝被类目累计销量第一；2019—2021年，公司蚕丝被产品在京东蚕丝被类目中销售额排名分别为第三、第三、第一。”华佳丝绸股份有限公司在天猫平台开通了旗下“SANGLUO”的天猫旗舰店。截至2023年9月，该旗舰店粉丝数已达101.6万。此外，一些企业通过与其他线上平台建立合作，为民间艺术项目提供更广泛的宣传推广和商业交流机会，例如中国产业经济信息网江苏融媒体中心搭建“苏州非遗”平台，为苏州的民间艺术项目的对外展示与传播提供助力。还有部分企业通过自媒体的形式在国内外知名平台上进行品牌推广和宣传。目前，诸多企业均运用抖音、小红书、微博等自媒体平台进行民间艺术产品的推广与销售。苏州娇古苏绣艺术品有限公司在抖音平台开通“娇古苏绣.卿佩华服”账号，截至2024年8月29日，共发布1159件作品。现平台作品共收获186.3万个赞，并收获了26.3万名粉丝。该账号成功吸引到目标消费群体的关注，从而使得企业线上预订量持续上涨。

可以看到，苏州诸多企业通过跨界合作，线上、线下宣传推广等工作，不仅提高了企业形象、品牌产品的市场认知度和销售额，同时也为民间艺术的传承保护及群体化、规模化、产业化等方面的发展提供了积极作用。在企业的营销及推广助力下，民间艺术的价值得到了更大面积的传播与推广，从而使民间艺术在现代社会中能够得到可持续发展。

第三节 企业在民间艺术保护与发展工作中的成效与问题

企业参与民间艺术的保护与发展，于多方面均体现出积极作用。于民间艺术，企业通过资源、技术、推广等方面的支持，不仅解决了民间艺术的生存难题，还使民间艺术在现代社会中持续保持着活力，从而实现了民间艺术的合理传承及持续发展；于企业，通过民间艺术资源的挖掘与开发，不仅树立了品牌形象，优化了品牌价值，提升了消费者认可度和忠诚度，还开拓了旅游、文创等商业领域；于城市，如今苏州民间艺术正在蓬勃发展，不仅民间艺术文化产业增加值持续攀升，还成为当地极具标志性的城市名片之一。更值得庆幸的是，苏州以“手工艺与民间艺术之都”[1]主题城市入选了“创意城市网络”。可以说，通过民间艺术的助力，苏州成为国际级的文化艺术都市。

虽然企业参与民间艺术的保护与发展的成效明显，但商业的介入也是一把双刃剑。企业的参与不仅使得传统主体失去主导权、话语权，最不利的一面是使得民间艺术在市场环境中发生了多方面异变。

首先，再造了形态。民间艺术的形态源自一定区域的民众对生产生活的实际需求，源自手艺人、演绎者对艺术技术的掌握与对艺术语言的表达，源自一定时代对于艺术审美的理解与追求。因此，民间艺术的形态是在一定区域的民众的生活需求、技术语言与艺术审美综合下的一种文化形态，其生存所需要适应的环境是这一区域的小农经济的、集市化的市场。然而，随着企业的介入，民间艺术的制作方式及风格开始转变。在制作方式方面，部分企业开始通过机械工具进行民间艺术产品的制作，而工具的转变必然造成民间艺术的形态从个性化异化为模式化；在风格方面，在国内礼品、纪念品之风

1 “创意城市网络”的每一个类别都有严格的国际标准。其中，“手工艺与民间艺术之都”的主要标准包括六个方面：一是拥有经久不衰的某种特定形式的手工艺和民间艺术；二是拥有大量的手工艺和民间艺术的现代生产设备；三是拥有大量的手工艺制作者和本土艺术家；四是拥有与手工艺和民间艺术相关的职业培训中心；五是要有推广手工艺和民间艺术的平台（节庆、展示、集市、市场等）；六是拥有与手工艺和民间艺术有关的基础设施（博物馆、手工商店、地方艺术集市等）。

的影响下，一些企业开始极力追求产品的华丽外表及昂贵材料，追求演出的绚丽效果及明星参与。这些行为成功让民间艺术产品在消费市场中脱颖而出，却导致了一些民间艺术项目逐渐打破底线，朝着奢侈、浮夸的风格肆意变化。在制作方式及风格转变的影响下，民间艺术的形态发生变化，甚至与传统的形态毫无关联。

其次，异化了功能。在传统社会，民间艺术作为一定区域民众生产生活和精神信仰的文化物质载体，除了是满足民众日常生产、生活需要的工具，更是民众凝聚社区、传承文化、促进社会和谐的重要宝藏。然而，当下一些民间艺术在商业力量的介入后逐渐转变成掺杂了各种市场元素的商品，甚至是仅可远观而不可触碰的高价消费品。究其原因，主要是因为企业参与目的是认识到了民间艺术的知名度及影响力对于企业品牌塑造及市场销售的助推作用，而并非民间艺术商品本身的使用功能及社会功能。因此，企业会在生产与推广过程中尽量选择民间艺术项目中最具知名度及影响力的内容进行产品打造与市场推广，而一些对民众功能性高、实用性强的民间艺术内容则被放弃。久而久之，该类民间艺术的功能发生了异化。

最后，改变了消费对象。传统社会，民间艺术所面对的消费对象是一定区域内具有本地化特征的限定民众。然而，随着企业的介入，民间艺术开始进入开放的环境之中，至此将面对不同层面、不同背景、不同观念的新受众。新民众有着与本地民众不同的审美追求与消费需求。企业在市场压力下，必须按照新受众的需求对民间艺术的种类、主题、功能、形式等方面进行改造。可以说，消费对象的转变使得民间艺术不得不以新受众的喜好进行生产与演变，以及开展相关推广销售活动，这必然造成民间艺术的现有形态及发展方向在外来的需求下发生偏移。

第四节　本章小结

如今，企业对民间艺术的影响越来越大了，使得民间艺术处在了一个开放的、充满现代化的商业环境之中。虽然民间艺术必须敢于突破原有的思维与战略格局才能获得生存与发展的可能，但是商业力量占据主导的弊端已经开始暴露，尤其是一些企业在某一民间艺术项目中占据垄断地位，这极易造成民间艺术在商业发展、产业发展的过程中不断受到市场的引诱而持续异化、迷失方向。而且，并非所有民间艺术项目都适合进行商业开发，尤其是一些演绎类、信仰类的民间艺术项目，极易在市场化的演变中失去原本的价值及意义。我们可以预想，民间艺术若长期以商业获利为目标进行片面的发展，必然造成民间艺术陷入逐利前行的困境，造成民间艺术传承的异化，从而导致民间艺术失去根基，走向毁灭。

那么，要如何才能使民间艺术在当代文化建设中既能适应现代人的生活方式和审美价值，又能继续保留原有形态与价值？要如何才能使民间艺术既能在更多元的、更全球化的市场中实现存续与发展，又能保留民间艺术产品的价值与功能，继续为区域性、本土性的普通民众提供艺术服务？民间艺术的传承与发展虽然需要商业力量的进入，但是更在于整体保护发展体系的搭建，而整体保护发展体系的关键在于多元主体的共同参与。当下，无论是文化还是市场领域，早已经形成了利益主体多元化的格局。或许只有多元主体的积极参与，才能对商业力量进行适当的引导与监管，从而启发企业在理解、尊重传统的基础上对民间艺术进行有效保护、合理创新与适当推广。

5 第五章 民间组织与文化精英：民间艺术保护与发展工作的推动者

“民间组织是由公民自愿组成的、非官方的、从事非营利性活动的社会组织；在我国是对社会团体和民办非企业单位的总称，是指企事业单位、社会团体和其他社会力量以及公民个人利用非国有资产举办的，从事非营利性社会服务活动的社会组织。”[1]在我国乡村的政治、经济及文化的建设过程中，大量民间组织应运而生并蓬勃发展。“民间组织致力于对传统文化和农耕文明的传承、挖掘和保护，注重对本土民间文艺形式运用、继承和发展。在这方面，民间组织有自身独特的优势。”[2]其中，一些依靠民间艺术纽带成立的民间组织积极在乡村开展着各类文艺活动。“这种民间组织将一些具有共同目的与兴趣的人们聚集在一起开展各种活动，其活动内容包括科学、政治、诗歌、琴、棋、书、画等多个领域。”[3]近年来，许多学者发现民间组织在民间艺术保护与发展工作中的效用愈加突出，例如在“筹集资金、教育宣传、组织活动和培训、制定政策和法律等方面发挥着积极作用”。[4]因此，有必要对民间组织在民间艺术保护与发展工作中的特征、作用及成效问题进行分析与总结。

本章将以河北省邱县青蛙漫画组织为例进行详细说明。在河北省邱县，一个叫青蛙漫画组的民间组织由一群农民自发创建。成立三十余年，该组织明确其社会角色的责任和义务，不断通过漫画创作参与民间艺术保护与发展工作。如今，青蛙漫画组已经成为邱县文化建设的金字招牌，成为乡村文化振兴的主力军。那么，这样一个民间漫画组织是如何在乡村发展起来的？具有何种特征？其所做的工作对于民间艺术保护与发展工作具有何种价值？基于以上问题，笔者走进邱县，从民间艺术保护与发展工作视角对青蛙漫画组的特征与作用进行探析，并从中总结经验。

1　夏征农，陈至立．辞海（第六版彩图本）［M］．上海：上海辞书出版社，2009：1581.

2　乔运鸿．乡村治理：从二元格局到农村社会组织的参与［M］．北京：中国社会出版社，2016：215.

3　王文然．珠江三角洲民间乐社“私伙局”研究［M］．北京：中国书籍出版社，2022：1.

4　王登佐．盐城县域民俗文化建设研究：以盐都区图书馆的探索为例［M］．苏州：苏州大学出版社，2020：4.

第一节 民间艺术组织的发展特征

青蛙漫画组是邱县村民自发组织起来的非营利社会团体。它以漫画艺术为表现形式，以两个文明建设为服务宗旨。三十余年间，青蛙漫画组受到乡村社会变革和调整的影响，具有极为显著的特征。

一、参与成员的本土性

中华人民共和国成立后，许多农民在经济生活逐步得以改善的同时开始学习知识，培养兴趣爱好。20世纪50年代初，贫苦农民出身的陈玉理、李青艾（以下简称：陈与李）开始拿起画笔，尝试漫画创作。60年代，陈与李从美术学院进修返乡后与一群志趣相投的村民在邱县成立了农民漫画组。1980年，陈与李调入邱县文化馆。在地方政府的支持下，陈与李于1983年创办了青蛙漫画组。陈与李根据邱县地方实情，以吃害虫、唱丰收的“青蛙”为组织名称。成立后，陈与李积极在当地农村征收会员。为了更好地引导及鼓励村民参与漫画创作，陈与李开办了青蛙班、蝌蚪班以及女子班。此时，时代的发展让许多村民认识到文化知识的重要性。村民们普遍感到知识贫乏，渴望能够有机会参加培训和学习，提高自身综合素质。培训班的开设，正好满足了村民对于知识的渴望。因此，培训班的招生情况比较理想。1984年，先后有400余人参加过青蛙漫画组的培训。陈与李耐心讲解漫画的创作方法，并手把手向学员们传授技艺。在陈与李的细心指导下，成员们学习氛围浓厚，创作热情高涨。如今，青蛙漫画组已由创建时的几位农民发展到近2000名会员，其中5人成为中国美术家协会会员，15人成为河北省美术家协会会员。青蛙漫画组的成员结构及培养模式的本土性得到了美术界的高度赞扬，华君武先生称赞道：“青草池塘处处蛙，邱县农民画漫画。中国发展变小康，蝌蚪成了漫画家。”

二、创作主题的多元性

改革开放后，乡村开放的环境使青蛙漫画组创作主题呈现出多元性特征。这一时期，邱县农业生产规模和结构都有了极大改善，村民生活水平得到了显著提高。青蛙漫画组的成员敏锐捕捉到环境的变化，他们通过创作歌颂性漫画描绘新农村景象，尽情抒发对美好生活的向往和憧憬。《家乡之变》《大丰收》均是通过浪漫主义表现手法，描绘了改革开放后村容村貌的巨变。此外，在乡村高速发展的大好形势下，潜在问题也日渐暴露。青蛙漫画组成员不断以一个普通村民的视角看待问题，发现问题，提出问题。《危险的接触》《任意篮》等借助尖锐泼辣、幽默风趣的艺术形式，揭露、抨击与讽刺乡村地区不良的社会现象。当作品完成后，青蛙漫画组安排专人将作品向报刊、大赛投稿，从而向外界反映乡村问题。除了积极创作乡村题材漫画，自下而上向国家传达乡村信息之外，青蛙漫画组还用漫画诠释国家政策和指导思想，自上而下向村民百姓传达信息。在邱县，村民的受教育程度不高，对于国家下达的政策和思想有时不能理解。青蛙漫画组成员认识到可以通过漫画这种简单易懂而且生动有趣的形式去辅导村民。因此，青蛙漫画组成员创作了许多以国家政策及指导思想为背景，服务于村民百姓的漫画作品。《中国梦·牛精神》通过牛的形象生动有趣地诠释了中国梦，受到了村民百姓的普遍欢迎。此外，青蛙漫画组成员开始尝试捕捉社会热点问题，例如环境保护、文明风气等。这些作品流传度极高，受到了社会各界一致好评。

三、创作过程的集体性

在市场经济的冲击下，乡村社会的集体伦理受到猛烈冲击，村民在社会行动中很难形成合力。然而，青蛙漫画组在创作过程中却表现出相互合作、共同受益、依存发展的集体性特征。陈与李格外重视村民的集体合作。他们将每周日的下午固定为集体创作与讨论时间。这一时间内，成员会分享自己创作的草图并讲述近期的构思。其他村民会指出问题、提出对策且毫无保留地发表意见。陈与李则根据创作经验对讨论进行总结及点评。反复交流后，不仅使作品的创作方向及表现风格更加清晰，村民之间也成为良师益友。此外，陈与李还受到军事知识的启发，提出“集火”战略，即组织成员根据近期指导思想或社会热点问题进行集体性专题创作。“集火”战略对参与人数并未做固定限制，一些宏大选题可以由几人甚至几十人共同创作。“集火”

战略提倡集体行动，各成员之间围绕创作主题，相互配合，相互交流。成员表示，集体创作不仅使其在构思、技法等方面进步很快，同时创作的激情也在相互鼓励下被持续点燃，更重要的是反复学习讨论后彼此之间的情感也得到了维护和升华。

四、交流传播的积极性

党的十一届三中全会后，农村地区对外开放范围不断扩大，层次不断深化。在这一背景下，青蛙漫画组走出封闭环境，积极与外界交流。青蛙漫画组不定期整理优秀作品，将其向有影响力的大赛及报刊投稿。在青蛙漫画组的积极联络下，有650多件成员漫画作品在国内外赛事获奖，且多件作品刊登于《讽刺与幽默》等知名刊物。在乡村内部方面，青蛙漫画组在地方政府的支持下面向基层群众开展了墙绘、流动展牌、橱窗展览等形式的漫画作品展示活动。如今，在邱县各个乡村处处都可见到青蛙漫画组创作的漫画作品，俨然成为邱县最具代表性的文化景观。

第二节 民间艺术组织在民间艺术保护与发展工作中的作用

青蛙漫画组从成立之初到现在，一直积极参与漫画艺术保护与发展工作实践。随着建设工作的持续推进，青蛙漫画组的积极作用进一步显现。

一、发挥漫画治理功能，维护乡村秩序

漫画艺术具备极强的治理功能。国家提倡的漫画主题，不论是核心价值观还是社会现实问题，均为乡村各个主体的行动提供了行为规范和道德准则。同时，漫画艺术具有一定的趣味性。一些原本枯燥的规范准则、深奥的哲理思想均能够通过漫画以轻松幽默的形式与村民个体建立联系，并为之接

受。青蛙漫画组充分发挥了漫画艺术的治理功能，引导村民们通过漫画的形式去表达自身处境，揭露乡村问题，并借由文化活动及公共展示将漫画作品在乡村社会中广泛传播。例如，青蛙漫画组成员根据身边腐败问题集体创作的反腐倡廉漫画在乡村社会中的广泛传播，对于农村党员干部起到了一定的警示作用；青蛙漫画组成员针对乡村铺张浪费现象创作的一系列提倡节约的漫画在乡村形成德育氛围，村民们耳濡目染，潜移默化，自觉抵制铺张浪费。此外，作为漫画的创作者，青蛙漫画组各成员更是以身作则，相互监督，严于律己。如今，漫画艺术及所提倡的思想已经深度融入乡村社会和村民的生产生活之中，规范了乡村各个主体的行为。可以说，青蛙漫画组通过发挥漫画治理功能，浸润了村民品行，塑造了基层理性，涵养了乡村风气，使乡村秩序得到了有效维护。

二、挖掘本土地方特色，激发文化自信

当前，在城市文化的持续冲击下，村民的生活方式、文化观念都受到了极大的影响。许多村民开始对原有的传统文化产生怀疑，对地方特色不再认同。然而，邱县村民却表现出完全不同的文化态度。通过调研发现，邱县许多村民都在青蛙漫画组的引导下开始以地方特色为主题内容，以乡土情结为认同基础，进行漫画创作。村民们在历史事迹、民间故事中寻找创作灵感，在家风家训、村规民约中提炼精神内涵，在本村风景名胜、建筑景观中寻找素材，在民间美术、传统工艺中探索技法。当这些作品创作完成后，青蛙漫画组便将其通过展板、墙绘、互联网、地方报刊等方式积极对外宣传展示。许多村民观看后，文化认同感得以增强。此外，还有部分作品在相关大赛及主题活动中获得奖项，这让村民深刻认识到地方特色对于漫画创作的重要性，因而形成稳定的文化认同观念。地方特色作为乡村社会独具的资源和财富，是农民漫画创作的核心。这种挖掘地方特色、提炼地方精神的漫画创作理念，可以使漫画艺术与地方文化有机融合，这不仅实现了漫画艺术的本土性发展，还彻底激发了村民的文化自信。

三、借助漫画育人作用，助力乡村教育

乡村教育是乡村文化振兴的重要支柱。然而，新时期诸多乡村教育问题接踵暴露，诸如教育内容脱离乡村实际、教育基础设施滞后等。面对上述问题，青蛙漫画组认识到漫画艺术在文化教育方面的优势，针对村民开设了多个以漫画为学习内容的培训班。在青蛙漫画组的努力下，许多村民都通过漫画这种简单易懂且生动有趣的形式学习了知识，掌握了技术。同时，其他村民也通过观看漫画了解了时事政治及文化知识，提升了自身的文化水平。一些村民表示已经习惯每天观看漫画，这不仅陶冶着他们的道德情操，同时还开阔视野，影响着他们对生活的看法、态度和行为。可以说，青蛙漫画组通过定期培训及传播展示的方式，借助漫画育人作用缓解了一些棘手的乡村教育问题，为乡村文化振兴奠定了良好基础。

四、形成文化资本，带动地方发展

如今，青蛙漫画组已经成为邱县的金字招牌。在青蛙漫画组的助力下，邱县从一个不知名的小县城变身为红遍大江南北的文化强县，并且获得了“中国民间文化艺术之乡”“河北省文化工作先进县”等荣誉称号。近年来，邱县提出以青蛙漫画组为资源进行文化旅游开发的计划。青蛙漫画组是地方发展文化旅游的绝佳资源，其漫画基地、漫画博物馆等建筑景观国内少有，同时在其影响下所引发的全县农民创作漫画的人文景象也极为罕见。地方政府对青蛙漫画组进行充分挖掘与打造，并委托专业单位以漫画艺术为核心进行旅游发展建设。目前，漫画博物馆、漫画文化圈吸引了很多外地游客前来参观打卡。同时，地方政府以青蛙漫画组为核心大力发展漫画产业，例如建立动漫产业创作基地，培养漫画人才等。此外，地方政府通过漫画产业的龙头作用带动根雕、烙画、粗布等其他文化产业的发展。可以说，青蛙漫画组已经成为邱县推动地方发展的文化资本。这种资本是地域文化与漫画艺术的完美融合，凝结着民间艺术保护与发展工作的精髓，渗透着文化精英与村民百姓的深厚感情。

第三节　民间艺术组织在民间艺术保护与发展工作中的成效与问题

一、民间艺术组织在民间艺术保护与发展工作中的成效

当前，民间自发创办的艺术组织相继成立。对青蛙漫画组参与民间艺术保护与发展工作的经验进行总结，可以为其他地区民间艺术组织的实践与发展提供参照。

1. 文化精英释放能量

乡村文化精英，指“具备一定的文化知识储备和生产技能，并能在实践中调动社会资源，获得更多的权威认可”[1]的人士。他们凭借自己的学识、眼光、经验参与当代民间艺术保护与发展工作，愿意将自身所具有的知识、财力和创造力贡献于乡村，从而反哺桑梓，泽被乡里。在青蛙漫画组的成立及发展过程中，陈与李作为文化精英，起着极为关键的作用。陈与李通过课堂讲授将文艺理论、表现技法等知识传授给村民，达到文化教育、文化传承等目的。同时，陈与李身正为范、以德育人，在乡间树立起敬德好学之风。而且在国家政策的解读方面，陈与李通过漫画引导村民正确理解国家政策，在某种程度上分担了国家及地方开展乡村公共文化活动的任务。经过陈与李的不懈努力，青蛙漫画组不断整合资源，发挥文艺优势，渐渐摸索出适合邱县的崭新文化建设模式。可以说，陈与李的奉献释放了“精英能量”，产生了“典范效应”。他们的无私奉献为邱县民间艺术保护与发展工作、社会秩序维护及产业规划发展提供了智慧保障。

2. 村民主体地位凸显

青蛙漫画组从成立到发展，均充分发挥村民的主体性，考虑村民的主体意愿，正如其口号：“扎根在农村，战斗在农村，来源于农民，服务于农

1　雷德里克·詹姆逊. 詹姆逊文集（第一卷）[M]. 北京：中国人民大学出版社，2005：201.

民”[1]。在成员结构方面，青蛙漫画组通过培训、布展及走访交流等方式，调动村民的参与积极性。如今，成员中村民占比超过80%。在主题选择方面，青蛙漫画组充分尊重村民的意愿，鼓励村民以自身感兴趣的主题，如地方特色和实际生活，为素材进行创作。因此，我们看到其成员作品基本紧贴社会现实，针对身边问题，真正做到了为自己表达，为百姓说话。在技能培训方面，青蛙漫画组把乡村当课堂，把生活当课本，依托传统美术对村民进行技术培训，使大部分村民成为具有独立漫画创作思维和较强动手能力的漫画师。在交流传播方面，青蛙漫画组积极鼓励村民以个人身份参与展览、发表作品，进行个人创作的表达与传播。可以说，青蛙漫画组的任何一项行动的开展均充分考虑了村民的主体性。它们不断与村民思维、乡村环境以及地方文化相协调、相融合，充分激发了村民的文化自觉，使民间艺术保护与发展工作回归到乡村主人。

3. 成员集体合作互补

在青蛙漫画组，成员之间的关系是亲密且稳定的。青蛙漫画组经常开展一些集体创作、集体分享等公共性活动。集体创作中，成员被安排了不同的分工。成员在完成自身任务的同时会给予其他会员帮助。这一过程中，成员与成员之间相互依赖，彼此信任。这种信任是建立在熟悉度及人与人之间情感联系的基础上的。这种关系培育了成员的集体意识，促进乡村社会公共性的回归。在一些集体分享活动中，各个成员围绕共同话题展开讨论。话语虽然直接，过程虽然激烈，但人与人之间的关系却变得亲近，在某种程度上弥合了情感疏离问题。此外，青蛙漫画组设立的培训教室、展厅为村民提供了交往互动的场所。在教室中，座位的摆放没有等级之分，老师与学员平起平坐。展览的布置中，作品的先后位置不会考虑作者身份，而是严格按照作品质量决定。青蛙漫画组的各个成员由分散开始走向整合。从社会团结的视角，发展这种稳定的整合关系将散点式的村民有效组织起来，从而为重整乡土社会秩序以及重建乡村精神家园发挥着积极且重要的作用。

1 洪石．中国漫画艺术论［M］．长春：长春出版社，1991：584.

二、民间艺术组织在民间艺术保护与发展工作中的问题

虽然青蛙漫画组对于民间艺术保护与发展的积极作用非常明显，但是在开展工作时仍可能存在着一些问题。首先，因为资金不足，导致民间组织无法开展多样化的文化项目和活动。青蛙漫画组的活动开展，需要陈与李积极与地方政府、社会组织进行交流沟通，才能获得必要的经费支持。这极大限制了公众对民间艺术的接触和了解，影响到民间艺术的传播和发展。其次，创新动力不足，限制了民间组织在新时代、新时期的变革发展。青蛙漫画组在长期的运作中形成了自己的固定模式和经验，再加上核心成员非常依赖传统的方式和方法，导致组织缺乏对新观念和新趋势的关注，错过了变革发展的机会。虽然部分成员开始尝试创作新题材作品，但是在表现技法、活动展示及传播推广等方面依然缺乏创新的理念和思维方式。而导致这一现象的间接原因是缺乏专业人才支持，特别是在技术、策划和市场营销方面的人才。随着艺术创作思想及环境的不断变化，青蛙漫画组后续的发展工作将面临更大的挑战。再次，市场认可不足，难以吸引更多的消费者和投资者。目前，青蛙漫画组的漫画作品虽然在国家级、省级相关比赛中屡获荣誉，但是市场对于作品的认可度较低。消费者对青蛙漫画组漫画作品的需求量低，甚至不认可这些作品的文化和艺术价值，导致漫画作品在市场上销售表现不佳。而始终缺乏市场认可，又极大影响了组织各个民间艺术家的创作积极性。随着市场环境的不断变化，青蛙漫画组艺术品销售和推广方面可能面临更大的挑战，因此急需采取一系列措施提升作品在市场中的地位和认可度。此外，青蛙漫画组依然面临着新生力量不足、品牌塑造不足、传承动力不足等问题。新时代下的民间漫画组织如何实现持久有序的传承发展？如何实现价值增值和品牌塑造？如何串联支持其他文化单元助力乡村振兴？这些问题还需要地方不断注入新创意、挖掘新价值，还需要学界不断提出新观点，提供新意见。只有创新发展，才能焕发民间漫画组织的持久生命力，才能更好发挥其作用，助推乡村的全面振兴。

第四节 本章小结

青蛙漫画组经过多年的发展逐渐探索出了既符合国家要求又适应地方实情的特色模式。它积极参与民间艺术保护与发展工作，对社会秩序、文化自信、乡村教育、产业发展等方面均起到了推动作用。可以说，青蛙漫画组此类民间漫画组织的兴起与发展，对民间艺术的影响是多方面而积极的。首先，它们致力于保护和传承民间艺术，确保传统艺术得以延续。其次，作为文化交流平台，它们促进了不同地区、文化背景间的交流与对话，丰富了民间艺术的多样性。举办艺术活动也有助于增强社区凝聚力和认同感，成为社区联系的重要纽带。民间艺术还可促进经济发展，例如，漫画周边、当地手工艺品可能成为重要的旅游产品，推动地方经济。最后，民间组织鼓励艺术家创新，使传统艺术与现代元素相融合，保持艺术的活力与时代感。

此外，随着民间艺术的繁荣，民间组织在乡村振兴中的作用日益凸显。随着它们在社会中的地位逐渐提升，民间组织也能够在农村文化和社会等领域发挥更大的作用，拥有更多的参与权、表达权和评价权。当民间组织的艺术作品在乡村得到展示和传播时，它们不仅仅是艺术作品，更是一种价值观念的传播和文化精神的传承。这种影响潜移默化地感染着更多的农民群体，激发出更多的积极性参与地方建设和发展。这不仅有助于增强民众的文化自信心和地方认同感，还为乡村精神文明建设和乡村振兴提供了强大的推动力。因此，可以说，民间组织的积极参与不仅为民间艺术的复兴提供了可行路径，同时也为乡村振兴开辟了广阔的发展空间。这种全方位的参与和推动将有助于促进乡村社会的全面进步和发展，为建设美丽乡村、富裕乡村贡献着重要力量。

6

第六章

民众：民间艺术保护与发展工作中的实践者

民间艺术的诞生和发展根植于广泛的民众群体，“是在社会中、下层民众中广泛流行的音乐、舞蹈、美术、戏曲等艺术创造活动”[1]。民众群体是民间艺术的保护与发展的重要主体。近年来，笔者在诸多地方目睹了一些民众对民间艺术的坚守，以及对民间艺术的重新探索和价值重塑。本章将根据田野考察资料，对民众在民间艺术保护与发展工作中的不同群体、动机及成效等问题进行说明。

第一节 民众在民间艺术保护与发展工作的不同群体

一、传承人：民间艺术的守护者

在民间艺术的保护及发展中，传承人扮演着重要的社会和文化角色。传承人不仅是民间艺术内容与形式的创造者，还是民间艺术价值及内容的传承者和传播者。传承人通过口口相传、身教言传等方式，将传统技艺、知识和价值观传承给后代，为民间艺术的延续和传播作出了重要贡献。

近年来，传承人的地位和价值得到了社会各界的重视。诸多学者积极呼吁社会各界加强对传承人的认可与扶持。冯骥才在《文化是情感的载体》指出：“认定传承人是保护民间文化的重要形式，保护了他们才能保护民间文化，否则只能感叹人亡歌息、人亡艺绝的悲哀。”夏华丽指出“非物质文化遗产的保护，说到底是对传承制度、传承环境和传承人的保护。尤其对传承人的调查和认定是重中之重。随着民间艺人年龄的增长，很多较少有人从事行业的老艺人步入了花甲之年，这些老艺人时常会担心自己终生从事的艺术就要失传。”[2]可以说，学界逐渐认识到传承人的经验和技艺不仅具有实践价值，还对学术研究和文化保护有着重要意义。因此，学界积极呼吁社会各界

1 钟敬文．民俗学概论［M］，上海：上海文艺出版社，1998：327.

2 夏华丽．论非物质文化传承人的保护［M］，长春：东北师范大学出版社，2018：111.

对传承人的认可、支持和保护，以确保他们能够继续传承并发展民间艺术。

近年来，国家认识到传承人对于国家文化治理、民众文化自信等方面的重要价值，开始采取一系列措施支持和保护他们的工作。2007年到2024年间，国家公布六批国家级非物质文化遗产代表性传承人。中国非物质文化遗产网的统计："在非物质文化遗产代表性传承人动态管理和退出机制下，先后有11人失去国家级代表性传承人资格。截至2022年11月，国家级非物质文化遗产代表性传承人共3057人。"在国家级传承人中，多名为民间艺术项目的传承人。同期，中国文联和中国民间文艺家协会在"中国民间文化杰出传承人命名大会"对166位传承人进行了表彰，充分肯定传承人的贡献。在国家的引导下，各级地方政府也高度重视传承人的地位和作用，开展了本地区的非物质文化遗产传承人命名工作。

在国家及地方政府的助力以及社会各界的共同关注下，传承人感受到了社会的肯定和鼓励，并且得到了相应的资源及经费支持。在多重动力的推动下，传承人更加积极地投入到了民间艺术的创作与传承之中。

在创作方面，传承人通过"坚守"+"创新"积极进行着民间艺术的创作。首先，传承人通过坚守和再造传统的技艺和风格，在创作中保持对民间艺术的延续和发展。传承人会研究并理解其中的传统元素、形式和特点，并将其运用到自己的创作之中。东昌木版年画第六代传承人郭春奎，怀着满腔热忱致力于艺术造诣。他全身心投入追寻那些在民间渐行渐远的珍稀古版木刻。不遗余力地穿梭于社区的各个角落，逐家逐户地实地走访资深的艺术家，收集他们口头传授的精华，为的是修复与复原那些被岁月遗忘的刻板。郭春奎根据所搜集的资料，获取了创作灵感，已累计创作了超过两百块的珍贵木刻作品。郭春奎以他搜集到的珍稀资料为基础，精心创作出一系列反映历史遗迹的东昌木版年画。此外，他还将艺术触角延伸至传统文化领域，创作了如《论语》《弟子规》《二十四孝》等经典著作的木版画长卷。这些作品线条虽显简化，却在郭春奎的巧思雕刻下焕发出鲜活生动的视觉魅力，展示出他对木刻艺术的精湛技艺和对传统文化的深切敬重。其次，传承人在传统基础上进行创新，探索新的表现方式和艺术形式。传承人会尝试运用新的材料、技术或主题，结合传统元素和现代语言，创造出独特的作品，并赋予其当代的意义和价值。获封2017年中国非物质文化遗产年度人物的姚建萍，创造性地将她自创的“融针绣”技术与现代时尚理念相融合，让“非遗”精粹更贴近并融入现代生活方式。在她的代表作品《初心盛放》中，不仅彰显了对刺绣艺术精细技巧的掌握，也在针法上大胆创新，将包括丝缕、韵光、行针、粗细、平针、乱针和打籽在内的多种复杂针法及高难度的立体刺绣手法巧妙结合，赋予了绣制的玉兰花以惊人的生动感和立体之美。此外，传承人还会与社区和民众群体合作，通过集体的创作和表演活动，共同创作新的作品和表达形式。这种方式能够凝聚社区的力量和智慧，让更多的人参与创作。《黎苗锦绣·百年梦想》是一件由黎族与苗族的织绣非物质文化遗产传承者们群策群力共同打造的宏大巨作。这幅黎族苗族织锦拼布杰作彰显了织绣艺术的独特魅力。整件作品融合了100种传统的黎族织锦纹理，精心运用了黎锦特有的单面织技法精织而成。细致入微地呈现人物、动物、植被、住所、农耕工具以及各种几何图案，这些图纹的多样性象征了中国广袤疆土上的自然富饶和人民的幸福安宁。《黎苗锦绣·百年梦想》通过多人的共同努力与合作，不仅创造了一件艺术作品，而且体现了一种群体协作的精神和力量。

在传承方面，传承人积极投身于民间艺术的存档、培训等工作。首先，一些民间歌谣、戏曲类传承人通过口头讲述和传授的方式，将自己对民间艺术的知识、经验和技巧传给后代。北京刻瓷传承人茅子芳、海淀扑蝴蝶传承人刘炳焕、门头沟龙泉务童子大鼓传承人宋永田等5位北京地区“非遗”传承人，通过口述的形式全面记录了其所传承的民间艺术的内容形式、制作流程及价值内涵。中国画报出版社根据5位传承人的口述材料出版了《北京非物质文化遗产传承人口述史》，是一套珍贵且极具深度的文化辑本。其次，一些手工艺品制作的传承人通过亲自示范和演示的方式，向后代展示和传授技巧和艺术表演的要领。传承人会亲自演示并指导学习者如何正确地进行艺术表演、制作手工艺品等。在各种文化节日、纪念日或者重要的传统庆典中，在艺术展览、手工艺展和其他文化展示活动中，均可以看见传承人向公众展示他们的技艺。还有一些学校、研究机构和其他培训场所，也常见传承人通过文化课程或者讲座向学生和学者展示和讲解他们的艺术技艺。这种方式可以加强学习者之间的联系和合作，促进民间艺术传承的连续性和群体性。上部分提到的姚建萍，不满足于仅仅对苏绣手艺的改良，她还努力将非物质文化遗产推广至更广泛的传播领域。在2022年中秋之际的一次创新直播中，“数字非遗·苏绣登月”项目便引起了公众的强烈关注。这场直播借助3D建模技术，构建出栩栩如生的月球场景，将苏绣这门古老工艺与宇宙探索这一新兴议题以及古典艺术与前沿科技进行了别出心裁的结合，不仅增添了视觉上的震撼，也为传统文化的现代传播开创了新的路径，成功吸引了广泛关注。可以看到，在传承人的创新培育下，民间艺术成为跨文化对话和交流的有力媒介，在激活地区文化资源、推动创意产业发展以及为地方经济带来活力与增长等方面，都发挥了不可或缺的影响力。

可以说，传承人通过积极的创作、传承与推广活动，将传统的非物质文化遗产焕发出新的生命力，实现了传承与发展的有机结合。他们不仅仅是传统技艺的保护者，积极挖掘并坚守着文化传统；还是文化创新的推动者，即透过口耳相传、实践指导与系统教学，巧妙地将民间艺术世代相承。

二、艺术爱好者：民间艺术的支持者

随着互联网、智能手机和电视等媒介的普及，乡村居民能够接触到更多的西方、城市及商业娱乐内容，如流行音乐、电影、电视剧、网络游戏等。这种多样的文化涌入为他们带来了前所未有的文娱选择，仿佛打开了一扇通往丰富多彩文化世界的大门。然而，伴随着“快餐文化”和“工业产品”的盛宴，乡村居民的传统文化活动逐渐减少，他们的注意力和时间被吸引到了更为现代化和商业化的文化产品上，从而使得传统文化面临着异化及消逝的危机。但是，笔者在调研中依然可以发现一些地区民众群体积极保护与发展民间艺术。无论是传统节日的歌舞娱乐，还是点缀生活的装饰工艺，这些乡村居民都将日常生产生活与传统民间艺术紧密相连。他们在自家庭院里举办传统庆典，传唱祖辈传下来的民歌，或是细心制作传统的手工艺品。这些活动不仅是对民间艺术的传承，更是乡村居民对自身文化身份的坚守和表达。具体情况如下：

首先，村民积极参与当地的民间艺术组织。这些自发成立的组织源于村民对传统文化的深厚热爱和对社区凝聚力的追求。一群志同道合的人聚集在民间艺术组织中，将民间艺术在村落中薪火相传。在这些组织中，你会看到村民们尽情地表演着戏曲、传统舞蹈，演绎着龙狮舞，展示着自己的书画和雕刻作品。比如，莱州市虎头崖镇的翟村就成立了一支以吕剧和京剧为演出内容的戏曲团。这支戏曲团由一群非专业演员组成，他们虽然没有受过专业训练，但却以极大的热情和努力排练着各种吕剧和京剧曲目。现在，他们在当地举办了多场戏曲演出，不仅吸引了本村居民，还吸引了邻近乡村的观众。特别是由15位妇女共同演绎的吕剧经典曲目，更是受到了一致好评，成为当地文化的亮点。

其次，还有一些是由老年人成立的传统民间艺术组织。这些组织通常源自宗族，通过开展各类活动为当地乡村增添了浓厚的文化氛围。宗族艺术团的表演场所常常设在村中的寺庙、农家书屋或者文化广场等地，这些地方既是传承历史的见证，也是文化传统的传承之地。在这里，宗族成员们齐聚一堂，共同参与各种传统艺术活动，如戏剧、音乐、舞蹈、书法和绘画等。这些艺术活动不仅在宗族内部活动中发挥着重要作用，比如宗族大会和宗族祭祀等场合，有时还对外进行表演和交流，让更多的人了解并感受到宗族文化的魅力。另外，老年艺术组织是专门为推动老年人文化生活而设立的社会团体。这些组织汇聚了村中的老年人，他们在空闲时间积极参与各种艺术活动，如戏曲、舞蹈、剪纸等。老年艺术团为老年人提供了一个展示自己才艺的舞台，也是他们社交和保持身心健康的良好方式。通过这些艺术团体，老年人们得以在传统文化的怀抱中度过晚年，不仅丰富了自己的精神生活，也为村庄的文化传承和发展贡献了力量。

再次，还有一些是为村民婚、丧等公共活动提供服务的民间艺术团。这些团体常常是由村民自发组织而成，旨在满足村民对于文化娱乐的需求，同时也为社区的各种社会活动增添色彩和氛围。在一些乡村地区，村民根据乡村文娱发展需求，自发成立了以营利为目的的职业艺术组、歌舞队及特色戏班。他们凭借着对当地文化的深刻理解和丰富的表演经验，打造出一场场内容多元丰富、形式亲切生动、气氛热闹喜庆的展演活动。在乡村地区，村里经常会有专门为各种喜庆和丧葬等社会活动提供演出服务的本地戏班，比如专门表演舞龙舞狮和杂技的队伍（图6-1）。笔者有幸目睹了一支舞龙舞狮队伍在喜庆场合的精彩表演。令人惊叹的是，队伍中每位表演者的技艺都非常娴熟，与一些职业艺术团体相比毫不逊色。队长骄傲地告诉我，团队的成

图6-1　村民舞龙队

员都是经过村里严格挑选的，并且从小就开始练习舞龙舞狮。每次有演出任务时，他们都会全情投入，为观众呈现出一场场精彩纷呈的演出。如今，这些戏班在村里已经建立了良好的口碑，成为喜庆和丧葬场合表演的重要组成部分，为乡村社区的文化活动增添了不少靓丽的色彩。

此外，村民个人坚守某项民间艺术。通过调研，可以发现村民坚守的原因大致为：其一，源于村民个人对创作和参与某项民间艺术兴趣十足，并愿意投入时间和精力来学习和研究这项艺术。徐维生，一位1995年出生的热衷于本民族传统文化的年轻人。在广西师范大学就读声乐专业时，仅用不到两年的时间就圆满完成了本科和研究生课程。尽管面临师长和父母的反对，他在2016年毅然退学，回到了贺州富川瑶族自治县的乡下老家。徐维生坚定地追随内心的呼唤，穿上了传统工艺染色的瑶族土布衣服，专注地学习制作芦笙和长鼓，并成功组建了村民艺术团。通过坚持不懈的努力，他的父母改变了态度，村民们也积极参与其中，共同致力于传承和弘扬民族文化。徐维生充满激情地表示，还有无尽的传统文化值得发掘和传播，他决心将这视为自己终生的使命。2005年，肖雪程怀揣满腔热情，在渡江镇莲塘村创立了新民艺术团。在过去的18年里，他坚持用歌舞、小品、三句半、采茶戏等民众喜爱的形式，来展示乡村的新面貌和群众的新生活。他不仅给群众带来欢乐，也推动了当地文明乡风的发展。其二，村民通过创作民间艺术，换取一定的经济收入。在一些地区，村民以独特的技艺和创意，将民间传统艺术融入现代生活和市场需求中。从精美的手工艺品、装饰品到艺术演出和表演，村民们通过这些艺术创作为自己创造了新的经济收入来源。灵宝村廖传星是一位根雕艺人。灵宝村因盛产黄龙木而闻名，这种树木非常适合进行根雕艺术创作，吸引了众多根雕艺人前来寻找黄龙木的树根。在与根雕艺人多次接触后，17岁的廖传星开始学习根雕技艺。如今，他的根雕作品备受市场欢迎，并在电商平台上展示，吸引了众多网友联系购买。可以说，这种经营模式也促进了民间艺术的传承与创新，使村民在推动传统文化发展的同时实现了自己的经济和社会价值。

除上述之外，普通民众参与民间艺术还包括观众、志愿者、消费者等多个群体。他们的积极参与和实际支持，是保护和传承民间艺术的关键因素，也是民间艺术繁荣发展的重要基础。

三、新村民：民间艺术的全新参与者

改革开放后，乡村变成了一个开放的空间，尤其是一些旅游开发乡镇，涌入了大量外迁至此的新村民。在调研中，笔者发现许多乡村参与民间艺术活动的人群中，有一部分是外迁至该地的新村民。这些新村民的原籍大多来自周边乡镇，也有极个别的来自外省。他们迁入的原因多种多样，部分是因为嫁入或入赘当地，而另一部分则是为了开展商业活动。值得一提的是，这些新村民们在迁入过程中共同经历了相似的适应与融入阶段。迁入的过程中，他们需要适应新的社区环境和生活方式，并与老居民建立联系和互动。那么如何缓解迁入所带来的焦虑？很多新村民开始尝试通过参与民间艺术活动及创作来寻求办法。

曾九妹嫁入贵州黔东的云舍村已有二十多年[1]。2002年她与丈夫杨文武在外地跑中巴车，听闻云舍村正在筹划旅游建设，便回村寻找发展机会。不久，她就接受了地方政府组织的文艺培训并迅速掌握各项习俗技能，成为村中的文娱骨干。曾九妹还是一个热心肠，除自己勤奋练习舞技之外，还热心辅导其他姐妹。后来，她被地方政府任命为演艺队长，不仅将演艺队管理得井井有条，还在演出之余帮助解决村内的一些公共事务（图6-2）。于是她再次被提拔成为村委会正式干部。从一个嫁入女变为村委会正式干部的个人事迹，激发了村中其他嫁入女的实践热情。短时间内，她们纷纷效仿曾九

1 采访时间：2017年7月。采访地点：铜仁市云舍村。采访人：杨帆。采访对象：曾九妹。

图6-2　曾九妹与姐妹表演

妹，积极报名培训，认为只要自己能掌握文化习俗技能，就不会被新环境所拒绝，同时还有机会得到由文化带来的精神和物质回报。还有部分嫁入女积极参与当地政府组织的民间艺术培训活动。对她们而言，参与唱歌跳舞不仅锻炼了身体，还愉悦身心，更值得欣喜的是还可以轻松在家门口赚钱。因此，她们非常积极主动地参与着各项民间艺术活动，在传统的表演形式中注入自己的风格和心得，同时也以将自己的原生民间艺术传统与当地艺术形式相结合，创造出独特而富有创意的作品。

当下，许多新村民都有着参与民间艺术创作及活动的经历。这些经历促使新村民们之间相互交流，形成了一个新的社群。从文化功能角度，这些外迁至乡村的新村民在参与民间艺术活动中发挥了一定的作用。他们的到来不仅丰富了当地的文化艺术，为民间艺术注入了新的动力和活力，同时也促进了社区的融合和发展。

第二节　民众参与民间艺术保护与发展的动机

“动机是一种由目标或对象所引导、激发和维持的个体活动的内在心理过程或内部动力。”[1]在民间艺术的保护与发展领域，深刻理解民众的参与动机至关重要。这有助于制定更具针对性的策略及开展更具吸引力的活动。通

1　方杲. 非理性人类认识之翼［M］. 北京：社会科学文献出版社，2022：207.

过对调研资料的详细分析，我们可以发现民众参与民间艺术的动机多样。本节笔者将选择极具代表性的八种动机进行说明。需要补充的是，这些动机并不是孤立存在的，多数民众参与民间艺术的动机是多重的，通常是两种或者两种以上动机的结合。

一、责任动机：传承民间艺术的使命

民间艺术传承人肩负着保护、传承、弘扬和推广民间艺术的重要使命。他们在日常的生产和生活中，承担着学习、保护、传承和推广民间艺术项目的责任，以确保这些珍贵的非物质文化遗产得以有效地保存和传承。这些传承人不仅是技艺的传人，更是文化的守护者。他们通过不断学习和研究民间艺术，保护并传承着代代相传的传统技艺和文化。在日常生活中，他们努力将民间艺术融入各个方面，如生产、生活中，以确保这些艺术形式继续存在并得到发展（图6-3）。除了传承技艺，民间艺术传承人还积极参与推广活动，通过展览、演出、培训等方式，向公众传播民间艺术的魅力和价值。他们致力于将民间艺术带给更广泛的受众，促进民间艺术的传统与创新相结合，为文化的多样性和丰富性作出贡献。

籍薇作为梅花大鼓的国家级非物质文化遗产传承人，肩负着传承、保护和发展传统曲艺的责任。她的艺术之旅充满了辛勤努力和独特魅力。从早期

图6-3　妇女手工艺制作

的《海港》《壮志凌云》到后来的《二泉映月》《睡美人》《黛玉葬花》，她持续创作和演绎了一系列经典作品，展现了她对梅花大鼓的热爱。随着时代的变迁，籍薇也创作了一系列适应新时代的作品，如《永远跟党走》《红船新篇》《携手克时艰》，为梅花大鼓注入新的生命力，展现了她对梅花大鼓的创新与发展。籍薇不仅在舞台上展现了梅花大鼓的魅力，更在基层群众中广泛开展梅花大鼓传播工作。她积极参与中国文联、中国曲协文艺志愿者服务团的活动，走进农村、社区和工地，通过曲艺表演和传授鼓曲艺术，为人们带去梅花大鼓的享受，为基层群众的精神生活带来了丰富的滋养。籍薇以她的真挚热忱和卓越的艺术成就，为梅花大鼓的传承与普及作出了突出贡献，成了当代梅花大鼓艺术的杰出代表之一。

还有许多传承人都肩负着传承民间艺术的使命。他们通过积极实践将民间艺术发扬光大。他们的坚守与付出不仅使得承载着历史的记忆与文化的民间艺术得以传承，更激发了年轻一代对民间艺术的热爱与探索。可以说，正是因为传承人的努力，才使得民间艺术得以世代相传、历久弥新。

二、情感动机："乡土情结"的承载

"乡土情结"是由人生的最初岁月，那些铭心刻骨、融入血液的真实乡土生活铸成的强烈而无意识的情感冲动。一些村民对乡村往往有着极深的"乡土情结"。他们常因内心浓烈的"乡土情结"，愿意将自身所具有的知识、财力和创造力贡献于乡村。其中，保护与发展民间艺术便是村民承载"乡土情结"最直接的方式之一。

来自陕西洛南县的李海平是一个满怀"乡土情结"的人。作为当地农村信用合作联社的从业人员，他在陕南山区长大，从小就对泥土捏制玩具充满了兴趣。然而，年轻时他面临着生计和家庭责任的压力，不得不暂时将自己的爱好搁置一旁。直到6年前的一次偶然机会，李海平在欣赏了一组逼真的泥塑作品后，"乡土情结"再次被唤醒，他决定全心投入泥塑艺术。经过一个多月的专注学习和与他人的交流，李海平逐渐形成了自己独特的泥塑创作风格。他的灵感源自家乡的山水风景和传统农村生活，无论是山水景致还是农田牲畜，都成为他艺术创作的灵感来源。李海平的泥塑作品最大的特色在于融入了他对家乡的深厚情感和文化记忆。他希望通过自己的作品唤起观者对家乡和往事美好回忆的共鸣，让人们重新感受到家乡的温暖和魅力。同时，李海平也将自己的创作视为对孩子们的一种教育，一种关于“家”的文化教育和对根文化的熏陶。他希望通过艺术作品传递家乡的美好价值观和传统文化，让孩子们能够更深入地了解自己的根源，并培养对家乡的热爱和珍惜之情。李海平以他对家乡的热爱和对泥塑艺术的执着，成了乡土文化的传承者和弘扬者，他的作品不仅是艺术的表达，更是对家乡情感的延续和传达。

在民间艺术中，还有许多民众通过艺术创作及艺术实践来表达对家乡的深情。他们通过艺术作品，将家乡的美丽景色、深厚历史和人文风情展现给观众，让更多人了解和感受到家乡的独特魅力。同时，他们通过志愿服务、演出、展览等方式，将家乡传统文化的内涵传递给更广泛的受众，从而激发外界对民间艺术的兴趣和热情。可以说，他们的热爱和创作以独特的方式为家乡和文化的繁荣作出了贡献，同时也激励了更多人关注民间艺术。

三、价值动机：人生意义的再实现

一些退休后的村民，他们曾经是机关干部、高校学者或企业领导，退休后往往会产生很强的身份落差心理。在退休之后，他们可能会感到失去了曾经工作中的身份认同和社会地位，缺乏工作所带来的忙碌和充实感。这种转变可能会引发他们对生活意义和人生目标的思考，以及对自身价值的质疑。这些转变具体表现在自尊心强、对权力和工作的失落感强、社会参与意识强、自我实现意识强，因此，退休后的村民会努力寻找各类社会活动来填补失落和空虚，从而让自己的价值再次得到实现。民间艺术的出现让他们看见了迎来人生第二春的希望。参与民间艺术创作、表演或传承，让他们觉得不仅能够丰富精神生活，还可以激发生命力和创造力，并在其中找到一种全新的成就感和自豪感。因此，他们非常积极地参与民间艺术，以重新发现自己的价值和才能。

自2013年退休后，刘淑婷决定发挥自己的热情和特长，投身于剪纸、叶雕、书法和楹联的创作之中。如今，她以无比骄傲的成绩成为“非遗”剪纸项目市级代表性传承人。刘淑婷的创作之路正逢传统民间艺术被纳入国务院首批“非遗”名录和世界遗产名录的盛世。这个文化遗产时代的到来意味着剪纸的内涵、发展和技艺需要更多人了解和传承。作为家族的第六代剪纸传承人，刘淑婷激动地抛开了一切，全身心地沉浸在剪纸的创作和传承之中。她的决定意味着对传统文化的珍视和承诺。可以说，刘淑婷在退休后重新开始了一份光荣的事业。她表示将继续以无比的自豪与热情，将剪纸传承下去。

可以看到，民间艺术再度为退休村民提供了一个充满创造力和生命意义的舞台，让他们在艺术创作和推广过程中重新点燃生活的激情。在民间艺术的实践中，这些退休村民仿佛回到了青春岁月，重新感受到内心的躁动与激荡，也由此再次实现了自身的生命价值。当他们的民间艺术作品获得国家及政府的认可，退休后曾经存在的失落感逐渐被消解，取而代之的是愉悦和充实。这种认可进一步激发了他们内心深处的激情与意义，使他们在晚年生活中找到了新的动力和目标，从而为自己的生活注入了新的活力与意义。

四、发展动机：利益目标的实现

在地方政府和旅游企业的引导下，越来越多的民众意识到参与民间艺术可以为他们带来经济收入，从而改善他们的生活水平。尤其在一些少数民族地区，民众发现通过参与民间艺术表演、手工艺创作或传统文化展示，可以将自己的才华与技能转化为实际的收益。地方政府在此过程中起到了重要的推动和支持作用。他们会提供相关的培训课程和支持政策，帮助民众提升民间艺术表现技巧和创作水平。同时，地方政府也会组织各种文化活动，为民众提供展示才华的舞台和机会。与此同时，旅游企业也将民间艺术作为旅游项目的一部分，将其纳入旅游线路之中。旅游企业致力于吸引游客前来体验，并购买相关的艺术作品，间接为民众创造销售渠道。这种合作不仅丰富了当地的旅游资源，也为民众创造了经济收入来源，改善了民众的生活水平。

在农村地区，许多村民长期面临着家庭生计和角色责任的巨大压力，同时也难以获得公平的分配权益。然而，在一些村委会的鼓励下，一些村民开始参与民间艺术实践。通过这一过程，他们发现了自己的潜力和价值，并努力提升自身的生存和发展能力。一旦掌握了民间艺术技能，村民们就能够获得稳定的收入，提高自己的经济地位。甚至有些村民通过这个机会走上了自立自强的道路。参与民间艺术实践不仅让村民们创造了收入，实现了自我价值，还提升了他们在经济、社会和家庭中的地位。虽然这种动机在某种程度上具有工具性质，但其对于民间艺术保护与发展所起的作用却是不容小觑的。

五、身份动机：社会角色的肯定

一些民众一直面临着身份认同问题，尽管在户籍上获得了当地村民身份，但在生活中仍然被视为外来者。这种身份认同困扰给他们带来了各种压力，可能导致焦虑、不安甚至抑郁等负面情绪。为了克服这个问题，一些民众开始参加民间艺术实践。在民间艺术实践中，这些民众不仅学习到了民间艺术的技能，还通过老师的指导帮助让他们形成对自身身份的认知和角色定位。通过反复学习和实践，他们逐渐调整了原有的思维方式和行为方式，培养出了当地特有的艺术气质，展现出了独特的风采。随着参与对外展演并得到认可，这些民众成为当地村民身份的正统代表。他们的努力和才华得到了肯定，让他们逐渐摆脱了负面情绪的压力。通过民间艺术的表演和传播，他们展示了自己的智慧和才能，得到了村民们的认同与尊重，并成为村庄中的重要组成部分。一些民众甚至主动参与民间艺术的编排、演练和传播，承担起主体身份的责任。他们通过自己的努力和创新，推动着当地文化的传承和发展，成为项目的领导者和骨干力量。

刘霞来自黔北六盘水，嫁到云舍村后生活条件有了巨大的改善[1]。然而，她一直陷入身份认同的困扰，渴望被视为云舍村的正式村民。她决定参加云舍村村委会组织的土家织锦培训，这对她来说是一个重大的转折点。通过学习和实践，刘霞不仅掌握了土家织锦的技艺，顺利通过了考核，还在云舍村中获得了大家的认可。她与其他村民建立了联系，参加了各种展示活动，并

1　采访时间：2017年7月。采访地点：铜仁市云舍村。采访人：杨帆。采访对象：刘霞。

展示自己的作品。老一辈的村民对她的态度发生了转变，不仅认同了她的织锦技艺，还把她当作一位普通村民同样对待。如今，刘霞在云舍村找到了她一直渴望的身份认同，她感到自豪并愿意为云舍村作出贡献。

通过参与民间艺术，不仅仅是在技艺上得到了提升，更是在心灵上找到了归属感和自豪感。久而久之，这些民众逐渐克服了因身份认同问题而带来的负面情绪，重新找到了自己在村庄内的角色和价值。他们不再被视为外来者，而是真正融入村庄，成为地地道道的当地村民。可以说，民间艺术的参与，帮助这些民众找到了自己在新环境中的位置，并在其心灵层面产生极为深远的正面影响。

六、文娱动机：内心欢愉的需求

在一些乡村地区，许多民众面临着文娱活动匮乏的问题，这导致了他们生活单调乏味和空虚寂寞，尤其是老年人和妇女群体更容易受到影响。缺乏文化娱乐活动的陪伴，他们经常会感到孤独和沮丧，对生活失去了原有的乐趣和激情。在这种情况下，一些民众认识到参与民间艺术创作及活动不仅可以缓解他们的孤独和焦虑，还可以激发他们的兴趣和热情，让他们从中体验到欢愉。

陈芳是贵州黔南布依族苗族自治州荔波县董蒙村的一名普通瑶族妇女。她平日里的生活过得单调乏味，要么忙于农活，要么照顾孩子。然而，有一天，她路过村中的广场，看到其他妇女在那里愉快地制作民族衣饰。受到邀请，她决定加入她们的行列，并很快被这些活动中的技艺和团结氛围所吸引。在这个小团体里，她学会了制衣技艺，同时也结识了新朋友。大家共同学习，互相帮助，即使在面对困难和挫折时，也总是相互支持，共同鼓励。很快，陈芳就以参加制衣活动为乐。如今，广场成为她新的社交场所。每次培训，她都投入其中，充满了快乐和期待，而生活中的琐碎烦恼也在这些活动中渐渐减少。像陈芳这样的村民还有许多。民间艺术让他们在重复的家务和照顾家人中找到了生活的新意义。这些活动不仅提升了他们的技能，还为他们带来了快乐和友谊。

近年来，一些乡村举办了各种文化活动，为乡村地区的民众创造了更多的社交机会和精神享受。特别是在一些少数民族地区，许多村寨迎来了民间艺术培训的热潮，吸引了大批民众蜂拥而至。尽管培训可能会辛苦，但在热情洋溢的老师指导下，民众们积极投入绘画、表演等活动中。这些活动让他们收获了快乐的心情，并获得了来自官方和外界的认可。那种愉悦与欣喜的气氛满足了民众内心深处的精神需求，就像是让他们找到了一块可以寄托心灵的乐园。在这些活动中，无论是创作出精美绝伦的图案还是展现出自己的表演才能，民众们都感受到了心灵上的满足和自豪感。民众的作品和表演不仅让他们自己感到满足和骄傲，也为整个村庄带来了文化氛围，增强了村民之间的凝聚力和归属感。

七、合作动机：重塑集体关系

当下，农民闲暇时间日益增多，同时集体经济解散后农户家庭经营共同劳动机会减少，因此，农村群体性文艺活动越来越少，农村的公共空间和公共生活也越来越少。公共空间的减少意味着村民之间的社交机会减少，即他们可能感到与社区和邻里的联系变得更加薄弱，导致社区凝聚力下降。

位于济南市莱芜区口镇街道下水河村的舞龙队已经连续活动了整整20年。这支舞龙队成员年龄跨度从30岁到60岁不等，汇集了各个年龄段的热血与智慧。“我们舞龙队最大的优势就是团结一心，默契配合。”队员郑佑福自豪地说道。他的话语中透露出一种满满的骄傲和认同。在这个紧密团结的团队中，每个成员都充分发挥自己的特长和才能，用默契的配合和熟练的动作创造出了让人惊艳的舞龙表演。为了确保表演的精湛效果，舞龙队的成员们不遗余力地彼此配合。他们对每一个动作的细节都精益求精，毫不马虎。每当有演出需要排练，所有队员都会毫不犹豫地将手头的工作暂时搁置，义无反顾地聚集在礼堂。这种高度的专注和奉献精神，使得舞龙队的排练成为一种快乐的集体活动，同时也锻炼了团队成员之间的默契和配合能力。在训练场上，整个舞龙队充满了无与伦比的团队力量。每一个成员以无可比拟的激情投入训练，互相激励，相互扶持，共同追求完美的演出效果。他们不断调整节奏，精确掌握每一个动作的力度和协调度，练习出完美无瑕的龙舞展演。每一次他们舞动的身姿，每一次他们高高挥舞的舞龙，都向观众们展现着团结与力量的美妙融合。无论是在排练场上还是演出舞台上，这支舞龙队始终展现出强大的凝聚力和出色的默契，在每一次舞动中传递着团队合作和勇往直前的坚定信念。他们的表演不仅是技艺的展示，更是团队精神的体现，为村庄增添了一道绚丽的文化风景。

可见，民间艺术为民众提供了一个丰富多彩的文化空间，使他们能够共同参与活动，从而建立起紧密团结的关系，并在相互友好的氛围中形成共同体关系。这种长期的民间艺术实践不仅提升了村民的情感境界，还拓展了乡村社会交往的边界，形成了有机的社区团结，进而提升了社会秩序和公共福祉。可以说，通过参与民间艺术实践，村民不仅获得了愉悦和情感交流，还找到了一种情感寄托和温暖的乡村环境。共同分享民间艺术的趣事也加强了他们之间的社区联系，打破了原有的孤独与陌生感。同时，这些民间艺术文化活动也促进了村民之间的情感交流，加深了他们之间的情感纽带，形成了更加和谐的村庄社区关系。最终，这种情感上的满足和社区之间的紧密交流对促进乡村社会的和谐与稳定起到了积极的作用，为乡村社区的发展作出了重要的贡献。这种以民间艺术为媒介的社区活动不仅丰富了民众的精神生活，还加强了乡村内部的凝聚力，为村庄的发展营造了更加和谐的文化环境。

八、使命动机：解决乡村社会问题

根据笔者的调研，发现一些普通民众积极参与民间艺术创作与活动，旨在复兴传统乡村的精神风貌，重振乡村文明民风。这些民众希望通过民间艺术的传承和发展，解决乡村现存的问题，让乡村重新焕发生机，呈现出当初淳朴、纯净、安定、友爱的面貌。在一些民众的记忆里，乡村曾经是一个充满淳朴民风、环境清新、生活安宁、邻里和睦的地方。然而，他们发现如今的一些乡村已经面目全非，赌博、攀比等不良风气猖獗。面对乡村凋敝的现状，一些民众产生了使命感。他们试图通过开展民间艺术活动来纠正村民的不良行为习惯，希望让乡村重拾文明健康、积极向上的文化氛围。这些民众认为，通过文化的力量，可以唤起村民对传统价值的重新认识和尊重，引导他们回归传统美德，建立和谐的家庭和社区关系。因此，他们举办各种文艺活动，包括传统戏曲表演、民间艺术展示、乡村文化节等，旨在净化乡村文化环境，重铸乡村精神家园。

湖北仙桃的雷柏树、张显超等民间老艺人对村中赌博打牌风气的盛行深感担忧。他们认为这种行为对社会风气和村民生活方式造成了极大的负面影响。出于对村民身心健康和乡村秩序的关注，他们坚持以传统艺术形式如划彩船、舞龙灯、演皮影戏等民间艺术项目来改变村民的生活方式。他们深信这些传统民间艺术不仅能够传承中华优秀传统文化，还能够激发村民的文化自豪感，提升社区凝聚力，改善社会风气。尽管老艺人们的努力成效并不十分明显，但他们仍然坚守初心，继续致力于传播和传承这些民间艺术。他们以充满耐心和毅力的态度，通过不懈的努力和演出，试图唤起村民对民间艺术的热爱，激发大家对艺术的浓厚兴趣。他们希望通过这种方式逐步改变村中赌博打牌的不良风气，为社区的和谐发展贡献自己的力量。虽然面临挑战，但他们坚信民间艺术的功能和影响力。因此，他们愿意为民间艺术活动不懈努力，为村民带来更美好的、健康的生活环境。

第三节　现代民间艺术创作过程中农村创作者的主体意识建构

在当下民间艺术的创作中，民众开始尝试通过艺术创作建构自己在乡村的主体身份。笔者对当代民间农民画进行调研时发现，农民创造者通过主题选择、风格表现、情结置入，将农村描绘成了日新月异的美丽农村、优美抒情的诗意农村以及底蕴深厚的文化农村。这极大地改变了农村长期扭曲异化的负面形象，抹去了农村老、旧、差的旧有标签。然而，农民创作者对“农村”形象的塑造意义远不止于此。科沃德和埃利斯在《语言与唯物主义》一书中通过意识形态的符号表征研究，对历史主体概念进行了重新思考。科沃德和埃利斯指出：“主体性（假定本身是‘我’的自我）是通过话语确定的……人通过语言建构了自己的主体，因为语言本身就在现实中确立了自我观”。[1]也就是说，语言在清楚地表达社会系统的同时，也建构了主体和社会系统。通过这一理论，可以发现农民创作者在现代民间绘画中建构与展现农村形象的行为，实际是通过绘画语言以表达自我的诉求，证明自我的存在以及认同自我的身份。

一、现代民间绘画作品中的“农村”形象

“现代民间绘画”由曹振峰、廖开明于1985年在《人民日报》发表的《正在崛起的中国现代民间绘画》一文中提出，指由现代农民以“三农”为表现对象所创作的反映农民思想感情与审美情趣的民间绘画。随着现代社会的发展和农民生活水平的提高，现代民间绘画在近年来得到了前所未有的发展。许多农民开始拿起画笔，用朴实的语言和真挚的情感创作出了一幅幅精美的现代民间绘画作品。在创作过程中，“农村”始终是农民创作者关注与表现的首选主题。他们通过描绘“农村”，不仅记录与展现了生活，同时还反映了情感，表达了诉求，建构了自身的主体意识。本节将观察农民创作者在现代民间绘画中塑造的不同“农村”形象，以及不同形象生成背后的主题选择、风格表现及情结置入，由此思考民间艺术创作过程中农民主体意识建构问题。

1．日新月异的美丽农村

自2003年，国家积极推进社会主义新农村建设，提出“建设美丽乡村”“促进新农村建设”“乡村振兴”等口号。中国农村进入了跨越式发展的历史时期。日新月异的环境无疑给农民创作者提供了广泛的表现题材和广阔的创作空间。他们用饱含激情和欣喜的画笔描绘着新时代日新月异的美丽“农村”形象。由陕西鄠邑区农民集体创作的《中国梦农民梦》，以长卷的形式生动表现了新世纪农村的巨变，讴歌了农民的辉煌业绩。金山农民创作的《农村别墅》《文艺汇演》《新农村》等作品，将农村的新颜在明快的色调及喜庆的氛围中展现出来，以农村的变化展示新时代农村建设的成就。还有

1　胡易容，陈文斌．当代马克思主义符号学思潮文选［M］，成都：四川大学出版社，2016：216.

一些农民创作者，以鲜活的农村丰收场景为切入点，生动而真实地展现了一幅幅新时代美丽农村的图景，例如，金山农民画作品《金谷满仓》、乔诺创作的《扬帆，领航，丰收》、任贵创作的《烙煎饼》等。这些作品既有鲜明的主题特征，同时又符合政治标准的图式语言，从而在一些绘画大赛及艺术活动中脱颖而出，使农村的新容新貌得到了更大面积的展现与传播。

2. 优美抒情的诗意农村

农村有着优美如画的自然景观，有着错落有致的田园房舍，有着宁静祥和的生活景象。一些农民创作者以此为素材，展现着诗意农村的“真”与“美”。刘文英创作的《月是故乡明》以土楼中的生活情景为表现对象，精美的构图与柔和的色调带有诗画般的视觉美感。汤艺萍创作的《棋乐融融万花开》展现了山花环绕、清风徐来、鸟语花香的农村果园风光，美得令人心醉。金山农民画作品《捕鱼归来》描绘了具有江南独特水乡韵味的“农村”形象，画面处理温雅细腻，以极具诗意的浪漫主义手法表现了乡村环境的“安宁”与“恬静”。通过这些作品，可以看到许多农民创作者的表现手法不同于主流风格。他们淡化了一些政治性及商业性目的，以“真”与“美”作为艺术创作的首要标准，描绘了一幅幅令人心醉的农村诗意景象。

3. 底蕴深厚的文化乡村

许多乡村都留有世代创造、传承且具有鲜明地域特色的传统习俗。他们是农村的血脉，是村民的精神家园。近年来，一些农民创作者逐渐认识到了传统习俗的重要价值。他们开始通过绘画创作，表现着地方的风土人情、信仰民俗，还原着被现代文明、传统的庸俗价值观改变的文化农村原生状态。朱月祥创作的《蚕花胜会》较为全面、真实地记录了浙江省桐乡市洲泉镇一带所举行的蚕花庙会。画面中，蚕花庙会的各类活动都在船上进行，极具水乡特色。蒋玮华和陈永凤以当地特有的渔女婚俗为表现对象，创作了《幸福花儿开》。气势恢宏的场面和欢快喜庆的氛围，让观众沉醉其中。刘述两与刘建蓉以隆回农村特有的七江炭花舞为表现对象，合作完成了《七江炭火龙》。画面中，舞龙青年运用竹竿和灯笼让炭花火星飞溅成火龙形状，使人眼花缭乱，叹为观止。还有许多的作品都以偏远农村或少数民族地区特有的传统习俗为表现对象，塑造了底蕴深厚的文化农村形象。

二、现代民间绘画创作过程中农村创作者的主体意识建构

现代民间绘画中不同的“农村”形象，是农民创作者主动创新、勇于表达、积极展示的结果。农民创作者不再接受“他者”对农村的片面描述，而是积极主动地构建及展现“农村”形象，这直接体现了农民创作者主体意识正在增强。

在题材选择方面，农民创作者对传统习俗的选择体现出一定的文化自觉。“文化自觉是指生活在一定文化历史圈子的人对其文化有自知之明，并对其发展历程和未来有充分的认识。”[1]“农民的文化自觉则是指农民在社会建设大潮中对自身特有的文化熟悉、了解并对其本质有深刻的认识，能够以乡村文化的真正主体地位去传承和维系原有的优秀文化，同时反思当下新的文化事物，做到取其精华、去其糟粕，反对全盘‘他化’，反对一味地跟风和盲从。”[2]在现代文明的影响下，一些农民对农村传统习俗缺乏普遍认同和坚守的信心与决心，致使农村传统习俗受到毁灭性破坏。而一些热衷于现代民间绘画的农民创作者们认识到了传统习俗的价值、优势和发展前景，主动担当了传统习俗的传承与传播责任。他们以传统习俗为表现对象，通过艺术语言展现着农村特有的风土人情和信仰民俗。在他们的画面中，地方特有的传统习俗得以保留，农村独特的原始风貌得以呈现。从表征到内涵，无不渗透着农民创作者对于传统习俗的深刻认同。当他们以传统习俗为主题创作的现代民间绘画作品在农村传播时，将感染更多农民，从而产生这一群体核心理念上的深层次文化认同及主体意识。

在画面表现方面，对“农村”形象的正面诠释体现了农民创作者的“自我主体意识”。艺术家在创作过程中的自我意识表达，实际上造就了一种个人主义美学的画面表现。任何一种画面表现都是个体对表现对象主观感受的强调。按这一理论，农民个体对外界事物本身的理解造就了现代民间绘画

1　费孝通．论人类学与文化自觉［M］．北京：华夏出版社，2004：222.

2　赵霞．乡村文化的秩序转型与价值重建［D］．河北师范大学博士论文，2010：186.

特殊的画面表现，这是农民自我中心化表达和个性化陈述，也是个人主义美学形式的表现。正如本文中，农民创作者在现代民间绘画的创作中，通过明亮的色彩、流动的线条、质朴的画面，让农村呈现出健康、干净、整洁、舒适、文明的人居环境，从而塑造出美好、幸福、自信、积极、和谐的正面形象。换言之，农民创作者通过带有美学个人主义形式的艺术语言表现，在“自我主体意识”影响下有选择、有判断地对“农村”形象进行正面诠释，改变了农村长期扭曲异化的负面形象，抹去了农村老、旧、差的标签。

在情结置入方面，农民创作者尊重内心感受，将“乡土情结”置入艺术作品之中。许江先生在《农民画时代：全国农民绘画展作品集》前言里写道：“作为农业与农村的主体，农民远离城市及其全球趋同的文明，而被寄予某种希望：在他们身上存持着某种人之初的灵性，存持着与大地相望相约的原发状态。”[1]这种“原发状态”的直接体现，便是“乡土情结”，即由人生的最初岁月，那些铭心刻骨、融入血液的真实乡土生活铸成的强烈而无意识的情感冲动。当前，一些农民创作者将“乡土情结”寄托于绘画创作之中。他们以农村为背景，通过乡情、乡思、乡恋的图像叙事手法创作了许多动人心弦的现代民间绘画作品。虽然一些创作者在创作时，会受到一些限制和诱惑，但是他们并没有修改自身的感知与情感。他们只会尊重自己的内心感受，以一个农村主人的身份，去展现农村的形象，去表达内心的美好渴望。他们最后呈现的现代民间绘画作品，均含有浓烈的乡土色彩和鲜明的地域特色，成为农民创作者寓乡土思念、乡土关怀和乡土记忆于一体的情感载体。

可以看到，日新月异的美丽农村、优美抒情的诗意农村以及底蕴深厚的文化农村，构成了现代民间绘画中最具代表性的“农村”形象。这些形象是由农民创作者在主题选择、风格表现及情结置入后所塑造的，不仅塑造了农村美好、自信的正面形象，还实现了农民创作者自我身份的认同与主体意识的建构。

1　许江．农民画时代：全国农民绘画展作品集［M］．杭州：中国美术学院出版社，2010：1.

第四节　民众在民间艺术保护与发展工作中的成效与问题

一、民众在民间艺术保护及发展中的成效

1. 民间艺术的文化功能得以实现

民间艺术是民众在日常生产生活中不断创造的智慧结晶，蕴含着丰富的文化功能。在传统社会中，民间艺术的过程与成品不仅丰富了民众的日常生活，更主要的是还维持了社会结构、稳定了社会秩序及凝聚了社会共同体。如今在一些地方，一些民间艺术所存在的功能已经发生了根本性转变。整个过程早已不再具备传统的社会功能，也不再是维护社会秩序的重要手段，而变成了为获取利益而展开的经济行为。

在传统社会中，无论是部落、村落还是农耕社会，几乎每个行为群体都离不开民间艺术的存在。民间艺术通过各种形式和手段，促进社区成员之间的联系、交流和合作。它是一种既具有文化表达形式，又能够构建社会联系的桥梁。通过传承和表达民间艺术，社区成员们能够共同参与和分享文化传统的传承过程，加深彼此之间的联系和理解，形成一种共同认知和体验。民间艺术的不断实践与演进在社区内部发挥着联结和加强个人之间联系的作用，它维持着社群关系网络的平稳运作。随着时间的流逝和在多方面的互动，个体的行为逐渐被塑造出一套规范。这套规范指导着他们遵循公认的社会行为准则，促进了地方社会秩序的稳定与和谐。群体内部的纵向关系通常建立在血缘关系之上，以家庭为核心单元继续维系；而横向关系则依赖于民间艺术的持续活跃、保养与发展来持久保持。这种横向的人际关系网络，涵盖了朋友、同事和邻里等非亲属之间的信任与合作，它源于一套基于习惯而生，旨在实现社会共同目标的战略体系。简而言之，民间艺术的循环与创新对于社区个体之间的互联和社会网络的维护起到了至关重要的作用。这些文化实践通过形塑行为规范和提供交流的平台，帮助塑造一个稳定有序且协调的社会结构。尽管家庭和血缘是纵向联系的基础，但民间艺术的活力对于保持跨家庭或跨血缘的人际关系是不可或缺的，它促进了基于共同利益、习俗

和目标的社会联系的发展。

贵州省黔南布依族苗族自治州荔波县深山中生活着一支自称“瑙格劳”的瑶族支系。因环境的封闭性至今仍保留着诸多非物质传统文化习俗。其中，服饰文化就是当地最有特色的文化形态之一。族内女子上身穿背部绣有精美图案的麻布套头衫，下身穿三色百褶裙，用黑布平膝绑腿；婚后女子头上包裹白布；成年男子用白色长巾包头，上衣黑布平领，后衣角向外凸出，系黑色腰带，下身穿齐膝白色麻布大裆裤。外界按照族内男子服饰特点将该族群命名为“白裤瑶”。

传统生活中，白裤瑶基本着由自家女性自制的传统服装。白裤瑶服饰制作过程极其复杂，包括养蚕、种棉、纺纱、跑纱、煮纱、晒纱、梳纱、织布、蜡染、刺绣图案、缝制衣裳、采集树胶、绘制、蓝靛染等三十多道工序。一套服饰需要近一整年的时间才能制作完成。通常妇女们白天除了干农活，其他时间都花在制作服饰上。妇女们创制传统服饰的过程不仅是一门日常的民间艺术，更像是庄严的典礼或者节日活动。这一过程对于个人来说，是生产与维护社会联系，以及调节社会网络的一个途径。在这样一个小规模、相对封闭且文化单一的乡村社会环境中，每位参与制作服饰的人都成为社会网络中的一个连接点。通过频繁地在地缘社群之间的交流和互动，她们制作的服饰不仅仅是单一的物件，而是社区内联系的纽带，勾勒出社会关系网络中互相联结的线条。这样一来，通过个体之间不断的互动，就形成了一个稳固并相互关联的社会结构网。“人与人之间的联结并无固定的边界，而是一个开放性的系统，能否纳入到一个以‘己’为中心的人际关系网络当中来，全凭能否私人间的联系。”[1]在这个社会网络里，妇女们可以更频繁地交流制衣技术、分享信息和进行相互协作。这些连续不断的实践活动反过来又加固了这个关系网，起到巩固社会纽带的作用。

布迪厄曾指出，策略即是有客观趋势之“行动方式”的积极展开，而不是对业已经过计算的目标进行有意图的、预先计划好的追求。这个“行动方式”乃是对规律性的遵从，对连贯一致且能在社会中被理解的模式的形塑。

1　谭同学．乡村社会转型中的道德、权力与社会结构——迈向“核心家庭本位”的桥［D］．华中科技大学博士论文，2007．

这一策略使得每位参与者都能自然而然地加入民间艺术的实践中，与社群中的其他成员一起，通过根植于习惯的积极互动与合作来共同养育并保持区域社会的纵横交错的社会联系。由于民间艺术已经深深扎根并为人所熟知，参与者通常都是自发的，不太可能作出放弃的决定，反而是选择更加活跃的参与。如果这些民间艺术活动停歇，不仅会使得社会联系的网络失去维系的营养，导致关系的断裂甚至是消亡，个人间的互帮互助的联系也会随之瓦解，而且每个人的归属感、责任感、依赖感等核心价值也将得不到满足。

2. 民众在民间社会的主体身份得以维持

长期以来，一些外界力量对民间艺术着迷于其表面特征，致力于通过标准化、统一化和规范化手段构建一套具有积极作用的民间艺术体系，意图塑造和引导当地文化态度和行为模式。然而，这种做法过于侧重于物质表象，而忽视了民间艺术作为文化载体的深层意义，结果使得本地社区难以将艺术与其所处的自然背景和历史传统联系起来，亦无从借助传统文化的逻辑来深入理解之。长期如此，外部影响已导致某些实际的民间艺术失去其原始意义，造成了民间艺术在表象层面上的精神失真，极端情况下甚至面临文化变异的危机。可以说，这些民间艺术的主体发生了变化。

值得欣喜的是，笔者在一些地方观察到由本地民众主导的民间艺术活动。这些活动在民众的组织与推动下，不仅赋予了民间艺术独有的外表和深层文化意涵，而且还维持了民众的主体地位。烧龙活动是一种拥有超过三百年传统的民间艺术活动，如同它的名字直接表明的，这是一种以火焚龙为主旨的庆典流程。在习俗中，龙这个关键象征在整个活动的各个程序和场合中都被特别重视。在汉文化里，龙一直是崇高、神圣且不可侵犯的存在。但在当地居民的观点里，世上的每一事物都有其好坏两面，龙也不例外，它可以是善良的也可以是邪恶的，而此次活动中的龙被视作邪龙。在明清时代，一些外部力量的介入下，烧龙的传统做法也随之发展变化。从最初只是游戏结束后焚烧由草制成的龙模型，慢慢演变成了一边跳舞一边进行焚烧的方式。虽然在一些民间艺术的创作、组织及活动开展中，外界力量的介入是可以接受的，但是在话语权上依然需要尽量保持民众的主导地位。只有坚决依赖民众的独立性和创意，使其以“主体”的身份积极地保持并创新本地的民间艺术，以此实现文化上的自我认知，才能保存该民族群体的独特性。尤其是一些民间艺术要尽量避免对外力的过度依赖。如果外力的参与减少或撤退，必须保证继续有这些象征性标志的民众传承，不能因为外力的回撤而将这些文化遗产遗忘。

二、民众在民间艺术保护及发展中的问题

受到现代交通和媒体传播的广泛影响，曾经封闭的乡村地区正逐渐开放，迎来了前所未有的文化冲击。这种开放使得乡村逐渐成为一个包容各种文化的多元融合区，传统的文化环境正在转型为一个充满不确定因素的文化交汇地。在这样多元文化的影响下，民众的艺术审美和对文化作品的需求也发生了显著变化。他们不再局限于传统的民间艺术，而是开始探索并欣赏不同文化融合的产品。民间艺术也因此呈现出更加多样化的面貌。许多民间艺人意识到了这种文化互动的趋势，并开始捕捉和利用这一趋势。他们将不同文化的表达手法和理念融合到自己的创作中，试图通过嫁接、拼凑等方式，创造出全新的民间艺术作品。这种融合的确丰富了民间艺术的表现形式，也提升了作品的娱乐性和时代性。然而，在传统与现代交织的过程中，民间艺术经常会出现一种杂乱无序的状态。

在民间艺术的表现和创作中，民间艺人开始大胆地将不同的元素混搭在一起。一方面，为了丰富节目的娱乐性和吸引力，他们在传统艺术表演中插入轻松的娱乐环节，比如设置趣味游戏或知识问答环节，以此来提高观众的参与度。另一方面，他们也在艺术形式上进行探索，将古老的传统元素与现代元素结合起来丰富艺术表达。尤其是在戏剧表演中，民间艺术家不仅要表演传统戏曲桥段，而且还要穿插现代流行曲目。有时候，现场观众也难以判断所听之声是来自古代的民谣还是现代的流行音乐。在乐器使用上，乐团也不拘泥于传统，将各种风格的乐器混合使用，打造出独特的音乐风格。从前，展演多以东方乐器为主，诸如锣、鼓、唢呐等，这些乐器在许多民间艺术表演中扮演了核心角色。然而，随着外来文化观念的接入和村民审美观念的更新，传统东方乐器已无法满足民众日益多样化的音乐口味。因此，民间

艺术艺人们开始在他们的表演中融入西方乐器，比如西洋打击乐器、铜管乐器、键盘和吉他，将东西方音乐元素交织在一起，以迎合更加广泛和现代化的听众群。当然，这种看似混乱的文化碰撞并非全然是消极的现象。实际上，它体现了文化艺术发展的多样性和包容性。在这样的融合交流中，民间艺术得到了重新的诠释，进而满足了不同社区和观众群体对于文艺表现形式更加丰富和多元的渴望。不同文化的元素和艺术风格的杂糅为民众打开了新视界，激发了民众对艺术的新认识与新兴趣。

然而，伴随文化元素的自由组合，一些民间艺术艺人及民间组织可能会采取低级趣味或者挑战社会伦理的方式创作，因而造成许多地区出现了极为恶劣的现象。在这样的杂糅中，时常会夹杂着低俗、愚昧和粗暴的内容。这些为了吸引眼球或者赢得商业利益，以煽动低级趣味为目的的部分，必然会对民间艺术的本质和深层价值造成一定的冲击和侵蚀。它们可能会损害艺术的纯粹性和本真性，甚至有可能在一定程度上影响公共道德标准和社会风气。因此，必要时应该呼吁其他力量介入，对民众行为进行引导与监管，对那些低俗、不良的民间艺术行为予以制止和纠正，从而保障民间艺术的健康、有序发展。

第五节 本章小结

当前，在许多地区的民间艺术复兴现象，不仅彰显了民众对精神生活的追求和对提升生活质量的向往，更是反映了民众对集体记忆、历史传承以及文化认同的需求。可以说，民众对民间艺术的持续坚守与积极探索深刻地体现了人们在现代社会中对于承继传统文化价值和确认个人以及集体身份的需求。同时，民众在继承传统的过程中，也不断将创新的元素融入其中，使得这些艺术形式得以适应现代社会的变化，呈现出新的活力和风采。这种文化复兴不仅仅是对过去的缅怀，更重要的是一种主动的文化选择和更新。民众并非被动地接受既有的文化传统，而是有意识地对其进行解读和再创造，让这些艺术形式与现代生活相协调，满足现代人的审美需求和文化消费。正是由于民众的不懈努力，民间艺术不仅在现代社会中得以保留，更在新的社会文化环境中获得了新的生命力。当然，我们也需要认识到，通过传统与现代的结合，民间艺术的确焕发出更加绚丽多彩的光芒，但是也容易使得低俗、愚昧和粗暴的内容渗透进来。因此，必要时应该呼吁其他力量介入，对民众的行为进行引导与监管，从而保障民间艺术的健康、有序发展。

7

第七章

新媒体平台：民间艺术保护与发展工作中的新兴干预者

随着互联网和数字技术的快速发展，一场新媒体平台上民间艺术传播热潮倏然而至。以入选“非遗”的项目为例，“数据显示，截至2019年4月，1372项国家级非遗代表项目中，至少有1214项通过短视频在抖音上进行传播，获得了超过1065亿次的播放量。快手方面，2018年有252万名用户在平台上传播了1164万条与非遗有关的短视频，其中年龄在30岁以下的用户占到了63.8%，相当于平均每3秒钟就有1条与非遗有关的短视频被上传，全国平均每人观看18次，收获5亿次点赞。”[1]各种新媒体平台如社交媒体、视频平台成为民间艺术的主要展示和传播渠道，为各类群体提供了交流展示的机会。可以说，新媒体在今天的数字化时代扮演着日益重要的角色，成为民间艺术的主体之一。那么新媒体平台是如何介入到民间艺术保护与发展之中的？新媒介文化与民间艺术文化之间是如何互动与调适？新媒介文化与民间艺术文化互动的关系、逻辑及问题是什么？本章旨在对上述问题进行回答，从而从新媒体主体视角为民间艺术文化保护工作与新媒介文化建设工作提供依据与建议。

第一节　新媒体平台参与民间艺术保护及发展的方式

当今社会，新媒体平台一直为民间艺术传承人、民间艺术机构、从业者与爱好者提供展示、交流及观看的服务。然而，随着主导权及影响力的不断扩大，新媒体平台开始不满足于当前的媒介身份，或是“某种意愿与目的的工具”[2]，而渐渐以主体的身份通过公开或隐形的方式介入到民间艺术的生成、传播与传承之中。

公开介入指新媒体平台以培训、讲座等公开方式对民间艺术传承人的创作思想及实践行为进行引导。培训是短期内达成目的最为便捷、最为有效的

1　匡野．遇上短视频，民间艺术活了、靓了、年轻了［N］．光明日报，2019-11-27：13．

2　詹姆斯·W．凯瑞．作为文化的传播［M］．丁未，译．北京：华夏出版社，2005：6．

方式之一。一些新媒体平台积极与地方政府建立合作关系，试图借助官方力量，对该地区传承人进行统一培训。抖音新媒体平台在多个地区举办了“民间艺术传承人集体入驻抖音仪式暨抖音宣传培训班”。在培训中，新媒体平台负责人不仅向传承人讲授了素材拍摄、后期制作、账号营运等技术操作知识，还通过案例分析、数据对比对传承人的创作思路及表现方式进行引导。例如，在“行走广西，探秘非遗文化”抖音宣传活动中，新媒体平台负责人向民间艺术传承人分析了“川剧变脸”“闻叔的伞”等案例的成功原因，并邀请当事人进行经验分享，从而使传承人可以按照平台需求进行民间艺术创作。抖音新媒体平台还在贵州黔东南苗族侗族自治州雷山县开展了文旅扶贫项目“山里都是好风光”活动，重点针对雷山县一批具有代表性的传承人进行培训。在苗族银饰传承人潘仕学培训过程中，项目组工作人员不仅指导潘仕学拍摄短视频的技巧，同时还引导潘仕学使用新潮的元素、先进的工具进行苗族银饰创作。培训活动过后，潘仕学操作技能熟练、参与态度积极，很好地按照平台需求完成了民间艺术项目的创作与展示。可以看到，新媒体平台通过对传承人开展培训、讲座等公开方式实现了对民间艺术的介入与干预，从而构建出符合平台需求的民间艺术景观。

与公开介入不同，隐性介入指新媒体平台凭借福利和资源优势，以诱导的方式隐性介入传承人的创作思想和行为。近年来，诸多新媒体平台推出了与传承人的合作计划，例如抖音的“非遗合伙人”、快手的“非遗带头人”。此类计划将挖掘一批传承人，借助平台优势为其提供商业和管理教育、产业和品牌资源，同时还提供大流量的曝光度。可以说，这是一项典型的福利项目，对于民间艺术项目的知名度以及传承人的市场销量等方面均起到一定的推动作用。但是，新媒体平台对于此类传承人合作项目的名额进行了严格控制，例如抖音的“非遗合伙人”与快手的“非遗带头人”的名额均为50人。有限的名额让有合作意向的传承人意识到可获取扶持的机会十分有限，于是便在日常创作及作品展示中尽量采用一些迎合平台的策略以获得合作机会。来自贵州省黎平县尚重镇盖宝村的“浪漫侗家七仙女”不仅按照快手平台要求发布了多件以侗家传统文化和村寨日常生活为主题的短视频作品，还积极参与快手直播活动，通过在线的方式宣传侗族特产，弘扬侗族文化。“浪漫侗家七仙女”契合了快手所追求的互联网技术与民间艺术文化深度融合的效果，成功入选了快手的“非遗带头人”。此外，新媒体平台的推荐“关照”也隐性介入了民间艺术的传播与传承中。近年来，新媒体平台会根据上传作品的内容、形式及质量进行受众分发。一些符合平台需求的作品将得到推荐“关照”，即被多次分发给观众，从而使作者收获“大流量”。在“关照”激励机制下，一些民间艺术传承人积极按照平台要求及标准制作民间艺术，并上传作品。这一过程中，新媒体平台隐性介入的效果便由此产生。

新媒体平台通过公开和隐形的介入方式，逐渐成为当今媒介社会中民间艺术传播和传承的新兴主体，直接改变了民间艺术的主体结构。作为一种没有固定物化形态的活态文化，民间艺术必须依靠参与主体的实践与语言才可以生存与发展。在传统社会，民间艺术的参与主体是一定地域内、一定族群内的普通民众。他们通过生产生活中的反复实践以及一代一代的口传心授，将民间艺术所包含的符号、意义体系、价值观、制度和规范等内容传承下来。随着社会结构、社会环境和社会利益格局的深刻变化，普通民众不再是民间艺术的唯一主体。国家、地方政府、社会精英等力量均以不同的方式参与到民间艺术的生存与发展过程中，从而使民间艺术呈现出多元主体协同参与的模式。他们相互配合、相互牵制，共同推进着民间艺术的传承与创新。然而，随着城市化和现代化不断加快，以及民间艺术本身存在形态的限制，国家、地方政府、社会精英、村民等现有主体依然面临着诸多难以解决的民间艺术传播与传承难题，例如参与人数逐年减少，传播渠道日渐狭小，保护成本不断上升等。各主体虽然耗费了大量的物力、人力、财力，但是依然徒劳无益。面对日渐复杂多样的社会环境，如何解决民间艺术的传播与传承问题？民间艺术不仅需要现有主体的坚守，还需要有适应现代环境、具有专门技术知识以及不同意见的新兴主体的加入。当前，新媒体平台以新兴主体的身份介入到民间艺术的传播与传承之中。新媒体平台对传承人的创作思想与行为进行了引导，并在此基础上调整了民间艺术的外形特征、发展方向及生存方式。这一过程，使民间艺术获得了新的发展机会和发展空间，但也使民间艺术的主体结构发生了显著变化。传承人、地方政府等民间艺术传统主体的力量开始减小，而新媒体平台逐渐以新兴主体的身份成为民间艺术在媒介时代传播与传承中的主导力量之一。

第二节 民间艺术在新媒体平台传播后的异变现象

新媒体平台的兴起为民间艺术的传播与传承提供了新的土壤，但同时也使民间艺术在新环境及新技术的影响下发生了不同程度的异变，具体体现在形态样式与社区模式两方面。

一、形态样式：视觉化转向

新媒体平台兴起的原因，在于其“具有鲜明的视觉文化的气质与特征”，可以通过博人眼球的图像叙述为用户提供强烈的“视觉冲击和感官享受”。因此，诸多新媒体平台不断制造炫丽、浮夸的视觉符号，以营建极致的视觉奇观吸引用户。抖音新媒体平台发布了多项以“美”为主题的民间艺术话题，例如“最美民间艺术”“民间艺术很美”。该类话题吸引了许多民间艺术传承人的积极参与。他们以“美”作为追求，在创作立意、表达、技艺以及拍摄视频的光线、影调上尽量达到“美”的效果。一些传承人“美”的作品获得了话题的推荐，不仅实现了经济收入，还得到了社会各界的肯定。逐渐地，他们将“美”融入创作理念之中，甚至用“美”来衡量民间艺术作品的优劣。最终，他们以“美”作为首要追求进行民间艺术作品的制作，直接推动了抖音新媒体平台视觉奇观的构建。

此外，新媒体平台不仅是供大众观看、社交的娱乐方式，同时也是商家商品展示、品牌推广的重要阵地。一些新媒体平台为网民提供了多种形式的售卖渠道。例如抖音开通了“长视频”“直播”“商品橱窗”三个售卖渠道，其中“商品橱窗”成为许多民间艺术传承人售卖民间艺术商品的重要渠道。一些民间艺术传承人及民间艺术机构在个人主页开通了“商品橱窗”窗口，并在其中上传了多件民间艺术商品。如何吸引网民购买民间艺术商品？在后现代社会中，消费者购买欲望不仅受到商品使用价值的影响，而更多冲动来源于商品的符号价值，这一消费行为被称为符号化消费。在这样一种消费行为的影响下，许多民间艺术传承人意识到一些造型独特、色彩绚丽的商品更能激起网民的购买欲望，因此他们便在民间艺术商品制作过程中格外重视民间艺术符号方面的表现。油纸伞是起源于中国的一种使用纸、布及木头制作成的伞，其结构包括伞杆、伞骨、伞面三部分。多名油纸伞传承人在抖音上开通了账号，并在“商品橱窗”窗口上传了不同类型的油纸伞商品。通过对上传油纸伞商品的分析与比对，可以发现传承人在制作油纸伞的过程中格外重视伞面的表现，因为伞面可以装饰不同图案，例如，优雅婉约的水墨画、行云流水的题字，甚至是一些卡通或标识等现代符号元素。相对于伞面，伞杆与伞骨部分则被传承人忽视。可以看到，传承人在制作民间艺术商品时，倾向于视觉表象的美化与创新，以刺激网民的消费欲望。

加拿大学者哈罗德·伊尼斯的“传播的偏向”理论从信息的组织和控制角度出发，认为每一种媒介形态都有一种偏向，它们或以时间为重点或以空间为重点，并由此规定社会上传递信息的数量、性质及社会形态。作为基于移动互联网环境下诞生的新媒介形式，新媒体平台在传播信息时有着“传播的偏向”特点，即新媒体平台在传播时只会选择部分信息进行呈现，而不可能完全呈现传播对象的全貌。“技术总是‘偏向于’传播它擅长传播的信息，人类也更愿意迎合技术自身的这种‘偏向’”[1]。对于具有轻量、碎片、移动特点的新媒体平台而言，其偏向的传播重点是视觉表象，即在有限时间内编码、解码民间艺术表象符号，以进行视觉传播。一些传承人为了让观者达到身临其境效果，甚至达到比实际参与更好的体验，极力在编码过程中采用视觉策略以营造出短视频的浸入感。一些传承人在后期剪辑时对拍摄素材进行重新编码，选择一些视觉效果强烈的镜头对民间艺术进行美化、拼贴和剪裁，甚至将不同时期不同场合拍摄的素材整合为一个视频，以提高作品的视觉效果。例如，“民间艺术有范儿”账号发布的《黎族传统纺染织绣技艺》短视频作品采用了多种视听语言，包括近景式的细节特写，也有全景式的整体展示，加之国风音乐烘托及后期色调调适和情境营造，从而构建出极富视觉诱惑的表象符号以展现出黎族传统纺染织绣技艺片段。此外，一些制作者经常在民间艺术镜头中融入当下流行的、个性的和多元的符号，或是安排戏剧化故事情节以丰富民间艺术的视觉效果，提高作品的吸引力。例如，“非遗文创鸿铭阁小馆”发布的《竹编旅行包》短视频作品在民间艺术产品上

1 周宪. 当代中国的视觉文化研究［M］. 南京：译林出版社，2017：418.

插入了某奢侈品符号，还将经典电影剧情融入其中，最终收获点赞量超427万次。

可以看到，受到新媒体平台的影响，民间艺术传承人不断以“视觉崇拜”的标准去塑造、呈现和生成民间艺术符号元素，从而营造出绚丽多彩的视觉狂欢景观。在这一个过程中，民间艺术不断视觉化转向，“由感性的可看性建构起来的幻象成了决定性的力量”[1]。

二、社区模式：线上模式运作

联合国教科文组织提出解决这一问题的方法，即建立社区，只有通过建立稳定且活跃的社区，让社区成员发挥主体作用最大限度地参与民间艺术的实践及保护过程，才能使民间艺术保护工作持续地、有效地开展下去。然而，城镇化发展造成社会结构及文化环境极速变化，大量传统的社区在长期缺少血缘、亲缘、宗缘、地缘等关系黏合的情况下由聚集变得松散，甚至开始解体。如何在新的环境下保留各成员之间的关系，并在个体散落的情况下重构社区，是民间艺术保护与传承的一大难题。

当下，随着移动互联网络和社交媒体的快速发展，新媒体平台开始为民间艺术社区的形成及持续发展提供必要的基础与条件。一些民间艺术传承人或民间艺术机构陆续在新媒体平台开设账号，并上传了一些原创的民间艺术短视频作品。许多网民观看了短视频作品后，不仅对民间艺术产生了浓烈兴趣，内心的文化需求也被激活。于是，网民们开始持续在新媒体平台上认知与体验民间艺术，并试图与民间艺术传承人、民间艺术机构或其他爱好者进行互动与交流。逐渐地，新媒体平台上形成了一个不同于传统民间艺术社区的组织形态，即线上民间艺术社区。这种存在于虚拟空间的特殊民间艺术社区，同样具备传统民间艺术社区所具备的要素，例如以某一民间艺术为主题、有一定的活动区域。但因为存在空间的不同，线上民间艺术社区也有着不同于传统民间艺术社区的显著特征。

1 张兴华. 詹姆逊后现代空间理论视野下的当代视觉文化研究［M］. 北京：北京理工大学出版社，2017：28.

在线上民间艺术社区成员结构方面，线上民间艺术社区的成员来自不同地域，其身份和结构相对于传统民间艺术社区更为复杂多样。按照文化人类学对社区成员民间艺术知识掌握程度的分类，可以分为“全知”“半知”“无知”三类群体。“全知”群体是对某一民间艺术项目非常熟悉的群体，即民间艺术传承人、民间艺术研究机构。他们掌握民间艺术项目必备的技艺和知识，或者在民间艺术实践过程中充当重要角色。他们不定期在新媒体平台上发表原创作品，或是通过新媒体平台进行线上直播教学。经过一定的线上活动后，他们在新媒体平台上建立起了稳定的关系网络，并在此基础上形成了线上民间艺术社区。“半知”群体指社区中对某一民间艺术项目怀有兴趣，经常观看民间艺术短视频作品及参与线上活动的群体。他们能讲述与该项民间艺术相关的知识，但受到条件及环境的限制，他们不能进行具体的实践。例如在一些工艺类线上民间艺术社区中，“半知”群体可以叙述工艺的流程、内容及意义，但却无法进行工艺的操作，也不能独立完成民间艺术作品。虽然不能进行线下的民间艺术实践，但他们对民间艺术项目有着强烈的认同感和责任感，是社区中稳定的中坚力量。“无知”群体则是指对该民间艺术并不熟悉但有一定兴趣的成员。他们通过新媒体平台认识了某一民间艺术项目，并被吸引，于是便开始评论、点赞及转发。这一行为间接地推动了民间艺术的传播与传承工作。因此，“无知”群体也是线上民间艺术社区的组成部分。三类群体在线上民间艺术社区扮演着不同的角色，共同推动了民间艺术在新媒体平台上的传播与传承。

在活动方式方面，线上民间艺术社区没有实体空间，成员只能通过新媒体平台提供的线上方式来实现彼此之间的连接与聚合。“记录湛江民俗文化”是抖音新媒体平台上一个以广东湛江地区的民间文化活动为主要内容的账号，截至2020年4月，已发表作品368个。“记录湛江民俗文化”的短视频作品基本为湛江民间文化活动现场拍摄，具有明显的地域特征。真实且亲切的内容吸引了大量籍贯为湛江的网民的关注，其中包括一些身居海外的湛江人。当“记录湛江民俗文化”发表地方民俗知识或祭祀祈福的视频作品后，该平台的“粉丝”则会在短视频留言区祈福，或是对祭拜对象及祭祀流程等内容进行探讨与交流。“华一堂华佗五禽戏”是国家级民间艺术华佗五禽戏第59代传承人华一的抖音短视频账号。截至2024年8月，该账号已发表作品

514个，收获粉丝120.6万。华一除了发布展示短视频之外，还定期通过直播的方式开展线上教学活动，这不仅增强了“华佗五禽戏”的影响力，还扩大了“华佗五禽戏”的传承队伍。除上述案例之外，新媒体平台上还有许多线上民间艺术社区开展了形式多样的互动活动，极大提高普通民众对民间艺术知识的接受度与参与度。传承人与成员之间相互学习和启发，更好地推进了民间艺术的传播与传承。

第三节 新媒体在民间艺术保护与发展工作中的成效与问题

通过新媒体平台这种不受空间限制，且极具社交性与即时互动性的新媒介，民间艺术传承人、民间艺术机构、普通民众等群体在网络上组成了线上民间艺术社区。各群体在其中扮演着不同的角色，不定期开展各类民间艺术线上活动。在反复的实践后，各群体逐渐趋向于共同的价值观念和文化认同，实现了跨越空间的在线聚合。随着线上民间艺术社区在新媒体平台的持续运作与拓展，民间艺术呈现出更加灵活开放的发展态势。

然而，文化人类学家在对“文化的本质”的探讨中得出了一个结论，即“各种文化被视为各种特定的整体，相互独立……每一种文化系统都是独一无二的人性的一种特殊表达形式，但与其他系统一样都是本真的”[1]。也就是说，每一个文化都有独立的文化系统，有着独具个性的特征、形式、内容、结构及运作逻辑。但在现代社会，文化不可能独处于一个封闭的环境，它在生成、运作及发展过程中经常会接触到不同的文化系统，尤其在现代文明蔓延、全球网络形成以及大范围的移民潮背景下，文化与文化之间的互动是不可避免的。文化人类学家对不同文化之间的互动关系及过程进行了研究。他们观察到不同文化会因为文化“主流”与“边缘”差别，在互动后形成同化、融合、重新解释等结果，其中较为常见的是一种相对完整、相对强势且更能

1　丹尼斯·库什．社会科学中的文化［M］．张金岭，译．北京：商务印书馆，2016：58.

适应现代生活环境的“主流”文化将其形式、意识、价值赋予在另外一种相对较“边缘”的文化体系上，而相对“边缘”的文化则会在生存及发展压力下主动迎合或被动改变它原有的主体、形式、功能乃至意义来适应“主流”文化体系。当两者反复博弈与调适后，便会形成一种新的且适应现代环境的文化体系。但是，文化人类学家也提醒到：在新的文化体系诞生的同时，也伴随着文化萎缩现象的发生，即“在文化接触、传播以及涵化过程中，由于接受了新文化而造成原有文化因素的萎缩、没落、解体和丧失等现象。它包括部分或全部文化因素的丧失、解体等”[1]。因此，新文化体系的诞生不一定是文化的进步，也可能是文化的萎缩。

民间艺术文化是一定地域内的民众在生产和生活过程中产生的一种文化形态，包括习惯、信仰和情感等方面。经过了漫长的演变，民间艺术文化形成了独特且完整的文化系统。随着环境与民众生活方式的转变，民间艺术文化需要不断调适自身，并寻找到新的传播方式，以适应文化发展的需要。当前，民间艺术文化开始通过新媒体平台这种覆盖面大、传播面广，且有很强用户基础的新兴媒介进行传播与传承。作为新兴媒介，新媒体平台不仅是“一种技术，它本身也是一种文化”[2]。正如波斯曼所说，“媒介是文化能够在其中生长的技术”，“媒介与人互动的方式给文化赋予特性”。因此，当前民间艺术文化通过新媒体平台进行传播与传承并不仅是表层的文化传播现象，更应该是两种不同文化系统反复接触与交流的文化互动过程。那么，民间艺术文化与新媒介文化在互动中是什么样的关系？互动过后是否形成新的文化体系？这是文化进步还是文化萎缩？

在现代社会，新媒介文化以即时享乐、纵欲狂欢和快速多变的姿态，很好地迎合了民众的娱乐及文化需求。随着普通民众对于新媒介依赖性逐渐增强，新媒介文化正从边缘位置逐渐进入到当今社会文化体系的主流位置，并成为新的社会权力结构中较为重要的组成部分。而民间艺术文化则恰恰相反，逐渐从主流走向边缘。两者位置不同，造成了主流文化在互动的过程中对边缘文化的同化与吞噬。

1　石奕龙. 文化人类学导论［M］. 北京：首都经济贸易大学出版社，2015：320.

2　何蕾. 媒介嬗变中的桂柳山歌传承研究［D］. 重庆：西南大学，2016：97.

在主体结构方面，新媒介文化的介入对民间艺术文化的主体结构产生了深刻影响。新媒体平台因为资源、技术等方面的优势时刻干预着民间艺术传承人、社区成员等原生主体的思想与实践，并试图替代之，成为当今社会民间艺术文化传播及传承的主导力量。在新媒体平台的强势介入下，民间艺术传承人、社区成员等原生主体的权力则开始弱化，再加上部分原生主体文化自觉的缺乏，最终导致主导地位的丧失。就此，新媒体平台开始以新兴主体的身份主导着民间艺术文化在现代社会传播的形态、走向与数量，最终导致了民间艺术文化的“他者”演绎。

在形式样态方面，根据“传播的偏向”理论，作为媒介的新媒体平台其所建构的民间艺术文化只是部分或片面的。在一定的技术和人为包装下，不排除会有大量具有装饰性和表演性的事物流入民间艺术文化，从而使民间艺术文化在过分追求视觉效果的道路上，脱离了原生语境与实践土壤，失去了历史和环境赋予它的原有功能、价值及意义。例如，一些祭祀习俗类民间艺术在新媒体平台上呈现出的过程、道具、内容与其在现实社会中的功能及意义并不一致。视觉景观会使观众沉浸在一些绚丽、浮华的符号元素所营造的娱乐氛围之中，而不会去认知与思考活动所承载的内涵、价值与文化功能。可以说，新媒体平台上看似炫目、丰富的民间艺术文化其实仅是表象符号的传递，而不是内在意义体系、价值观、制度和规范的延续。然而，大多数用户并未意识到这一点。他们仍然在新媒介文化所创建的“景观社会”[1]中获得了对民间艺术的参与体验与意义认知，并试图在视觉化的碎片影像中感受情感体验和视觉享受。他们改变了认知民间艺术文化的方式，即不再亲历文化原生环境以“在场”接触体验的方式去获取，而仅依靠新媒介上的视觉元素来把握。这一大众认知范式的转换进一步加剧民间艺术文化形态样式不断视觉化转向。

在社区模式方面，受到新媒介文化的影响，民间艺术文化的社区模式呈现为线上模式。这种线上民间艺术社区的确打破了空间的限制，有效集聚民

1 德波在《景观社会》一书中，试图宣告一种新的历史断代，即马克思所面对的资本主义物化时代，向一个视觉表象化篡位为社会本体基础的颠倒世界的过渡，这也就是所谓社会景观的王国。而景观社会的构成，将造成除视觉之外的其他形态及价值的丧失。

间艺术的发展力量，使其在当代社会重新焕发生机。但是民间艺术社区若长期以线上模式实践与聚合，将使社区成员极易沉迷于线上虚拟环境中的景观民间艺术，而忘却了真实世界中的现实民间艺术。久而久之，成员可能会产生景观民间艺术与现实民间艺术的认知冲突，以及由此产生的民间艺术文化认同危机。可以说，新媒介文化在与民间艺术文化的接触过程中对民间艺术文化的主体结构、形态样式及社区模式进行了干预与重排。而民间艺术文化因为对新媒介平台技术、资源及受众的依赖，只能不断调适自身来迎合新媒介文化。最终，民间艺术文化不断被变异、被解体与被丧失，甚至被同化入新媒介文化体系之中。而民间艺术文化逝去的部分并没有新的文化因素来接替其功能，由此造成了一个民族传统文化的缺失或没落。可以说，新媒介文化与民间艺术文化的互动虽然呈现出繁荣、喧闹的景象，但这是建立在民间艺术文化日渐萎缩的基础上，因此这并不是一种文化上的进步。

那么，两种文化在互动过程中是否可以避免一方文化的萎缩？也就是两种文化在互动过程中是否可以保留双方原有的形态与价值从而并行不悖、相互促进？文化人类学家认为文化融合能促成彼此共生与进步，即“两个或两个以上的文化在接触交往过程中发生双向协调，产生出与各自原先文化特征都不同的新特征、新形式、新内容甚或新结构，达到了难以区别的程度，而形成一个新的文化体系的过程”[1]。对于新媒介文化与民间艺术文化，笔者认为两者在接触过程中只有以融合为目标，以平等的关系双向沟通与协调，才能产生出具有双方属性的且符合时代需求的新文化体系。具体为：在主体结构方面，新媒体平台需要建立明确的非核心主体角色意识，即认识到自身仅为民间艺术文化在现代社会中传播与传承的后援力量，自身的价值应该是辅助民间艺术的核心主体——民间艺术传承人及民间艺术社区成员更好地进行民间艺术实践。在形态样式方面，对于景观社会的蔓延，居伊·德波认为无法制止，但是我们可以在源头上杜绝景观社会的产生。我们应该从一开始就杜绝民间艺术在新媒体平台视觉化转向的发生，例如，要求短视频作品策划与制作中禁止过分包装、极致渲染的视觉追求，而尽量真实、整体地展示民间艺术，或者由专业研究机构联合传承人讲述民间艺术文化内在的价值、意

1 石奕龙. 文化人类学导论［M］. 北京：首都经济贸易大学出版社，2010：317.

义，从而使民间艺术文化体系得以完整且原真地维系、传承和弘扬。在社区模式方面，我们必须开展相对应的民间艺术线下活动，从而以线上线下结合的方式完成民间艺术社区这一系统性的文化保护与传承工程的建设。总之，只有两种文化以平等且相互尊重的姿态进行互动，才可能实现融合，且得到共同的发展与繁荣。

第四节 本章小结

通过对民间艺术在新媒体平台上的逆势复兴现象的观察，可以探寻两种不同文化互动过程中的关系、规律与问题。新媒介文化以平台、资源及受众等方面的优势，在与民间艺术文化的接触过程中成为民间艺术新的主体，媒介文化通过公开或隐形介入，成为民间艺术文化在现代社会传播与传承的主导力量，从而使民间艺术的主体结构呈现出新兴主体主导的局面。自此，新媒体平台开始对民间艺术的形态样式及社区模式进行了干预与重释。在形态样式方面，新媒介文化的审美追求及运营模式使民间艺术文化不断视觉化转向，导致民间艺术文化原有的形态样式被改变；在社区模式方面，新媒介文化冲击了固有的空间限制，使民间艺术社区以线上的模式在虚拟环境中建构、运作与拓展。对于新媒介文化的强势介入，民间艺术文化在自身生存处境及技术发展落后的压力下有意迎合，甚至将自己置身于新媒介文化环境之中，并按照新媒介文化的规律与需求不断改造自己。久而久之，民间艺术文化体系中原有的文化因素开始变异、解体与丧失，且丧失的部分又没有新的文化因素来取代其功能，由此造成民族传统文化精神内涵和深度层次的缺失。可以说，新媒介文化与民间艺术文化的互动虽然呈现出繁荣、喧闹的景观，但实际却因文化之间的“主流”与“边缘”差别造成了两种不同文化并未迎来革新与进步，而是“主流”文化对“边缘”文化的同化与侵袭。对于这一问题的解决方法，应该是双方在互动过程中以融合为目的，通过平衡关系和双向协调，最终在保证双方文化原有价值的基础上产生出具有双方特征的新文化体系。

8

第八章

民间艺术保护中的多元主体协同机制及合作模式的建构

受到现代化、全球化的影响，民间艺术封闭的环境日渐被打破。越来越多的力量开始关注民间艺术。随着民间艺术价值的进一步凸显，一些力量开始介入到民间艺术的组织、维护、推广、策划及革新之中。一些力量在长期实践中逐渐成为民间艺术的主体，从而使得民间艺术的形式、内容、功能及价值开始变得多样化、复杂化。这一转变逐渐被学界关注，越来越多的学者开始从参与主体的视角去认识民间艺术保护与传承。的确，民间艺术的保护与发展已经是一项涉及面广、工作量大的公共文化治理工程，其主体早就不止于掌握传统技艺的传承人以及实际参与的村民，还包括对民间艺术的发展方向及项目内容进行引导及选择的国家、对民间艺术项目开展进行实际管理的地方政府各个机构、对民间艺术资源进行挖掘与再创的地方社会精英，以及对民间艺术产品进行打造与推广的企业等。随着越来越多的主体参与进民间艺术的保护与发展工作中，如何让多元主体充分发挥自身优势，形成协同合作的力量？如何推动多元主体参与民间艺术保护体系和治理能力？我们必须要形成平衡且稳定的多元主体参与格局，以及建立协同合作的工作机制及合作模式。

第一节 建立民间艺术保护中的多元主体协同机制及合作模式的必要性

在多元价值观、开放的文化环境和技术的不断创新发展背景下，多元主体共同参与公共文化治理已经成为现代社会不可逆转的趋势。在民间艺术方面，随着保护与发展工作中分工的细化，持各种权力、资源、技能及劳动力的主体共同形成合力才能更好地解决问题，因此建立多元主体参与民间艺术保护的协同机制及合作模式极为必要，具体体现在以下几个方面。

一、部分国家多元主体协同机制及合作模式取得一定成效

当前，世界诸多国家的民间艺术保护和传承工作是多个参与主体共同合

作的。国家、地方政府、学术界、非政府组织、民间精英以及当地社区等各方共同参与，各尽其责。这些参与主体通过合作、协商和共同决策等方式，制定了政策、规划和具体的保护措施，为民间艺术的保护和发展工作奠定了基础，并取得一定的成果。

韩国一直以多元主体共同参与的治理模式来保护和传承民间艺术。政府、学术机构、民间组织和民间艺术传承人齐心协力、共同参与政策制定、项目规划及活动组织。这种合作治理模式使得各方能更好地保护、传承和发展非物质文化遗产，同时也增强了社区参与度，从而形成合力。在申报世界非物质文化遗产方面，韩国取得了显著的成果。到2020年，已有21个项目成功获得联合国教科文组织的认定，涵盖了韩国传统技艺、音乐、舞蹈等多个民间艺术项目，具体包括传统歌曲《阿里郎》、传统舞蹈《鼎盛狮舞》、传统音乐《传统宫廷音乐》、传统技艺《曲艺演唱》等。韩国政府、地方政府和相关机构积极采取措施来保护和传承世界“非遗”项目，包括设立非物质文化遗产传承机构、培训传承人机构、推广非物质文化遗产机构等。各个机构积极合作，推动了民间艺术项目的保护与传承交流。此外，一些非政府组织也发挥了重要作用。韩国艺术文化团体总联合会作为一个由各艺术文化团体和专业人士组成的非营利组织，致力于推动和发展韩国的文化艺术事业，提高文化艺术工作者的社会地位和待遇。联合会拥有了大量会员组织，涵盖音乐、戏剧、舞蹈、美术、文学、影视等文化艺术领域。他们与国家和地方政府建立了良好合作关系，获得了更多资源和支持，这些资源推动了联合会文化艺术事业的发展，提高了文艺活动的质量和多样性，为联合会的发展创造了更多机遇和空间。在“非遗”申报中，韩国艺术文化团体总联合会汇集和协调各个艺术文化团体的力量，提供支持和指导，为“非遗”申报提供统一的声音和平台。他们与相关机构、专家和传承人合作，组织调研和资料收集，编写申报书和提案文件，并确保申报过程符合联合国教科文组织的要求。此外，韩国艺术文化团体总联合会致力于在国内外推广和展示韩国的“非遗”项目，组织各种艺术文化活动，向公众传播韩国“非遗”的价值和独特之处。他们还积极参与国际艺术文化交流活动，与其他国家分享韩国“非遗”的魅力。通过这样的努力，韩国艺术文化团体总联合会在韩国的世界“非遗”申报中发挥了重要作用，促进了韩国民间艺术的保护、传承和推广，并增进了与世界的文化交流与理解。

在西班牙，保护民间艺术得到了各方主体共同发力。政府、文化机构、非营利组织以及当地社区都扮演着至关重要的角色。他们通过合作、资助、推广和宣传等多种方式，共同制定了政策和项目，致力于支持和保护西班牙的民间艺术，以确保其得到有效的传承和发展。弗拉明戈是西班牙最富有代表性的民间艺术之一。西班牙政府高度重视保护和传承这一重要的民间艺术项目。首先，国家制定了相关法律加以保护。这些法律的实施确保了弗拉明戈得到适当的保护、传承和发展，并规范了与弗拉明戈活动有关的一切事宜。其次，西班牙政府为了更深入地了解和研究弗拉明戈，与地方大学和研究机构展开了合作。他们共同探索弗拉明戈的悠久历史、艺术演变和独特技巧，从而促进了对这一艺术项目的全面展示和有效传承。除政府之外，一些专门的学校和机构也提供弗拉明戈的教育培训，培养出新一代的弗拉明戈艺术家，为该艺术项目的延续和发展注入了新的活力。西班牙各地还设有许多专门的弗拉明戈表演场所，为艺术家们提供了展示才华的舞台。这些场所吸引了无数游客和艺术爱好者，为弗拉明戈文化的推广和传播作出了重要贡献。此外，在西班牙的各种节日和活动中，民众也有机会通过展示他们自己的弗拉明戈舞蹈，促进了弗拉明戈艺术在更大区域内的传承和发展，使得更多人能够体验到这种充满激情和表现力的艺术形式的魅力。通过各方的努力和合作，弗拉明戈这一重要的民间艺术在西班牙得到了有效的保护和传承，而各主体的积极宣传与推广也为世界了解和欣赏西班牙独特的民间艺术作出了重要贡献。

此外，日本、荷兰、印度、英国、法国、比利时等国家在保护民间艺术方面展现出了卓越的成就，这要归功于国家、地方政府、文化机构、民间组织、艺术从业者及普通民众等不同主体的紧密协作。政府扮演着重要的引领和支持角色，文化机构提供了专业的保护和管理服务，社区组织促进了民间艺术的地方化发展，而非营利机构和艺术从业者通过创作、演出和推广活动，为民间艺术注入了新的活力。他们共同努力，为民间艺术的繁荣创造了良好的条件。这些国家的成功经验和模式为国内民间艺术保护中的多元主体协同机制和合作模式的构建提供了宝贵的学习资料和借鉴素材。我们可以从中汲取经验，建立多元主体的协同机制及合作模式，从而有效促进民间艺术保护与创新的融合，使民间艺术得到更全面的发展和传承。

二、通过多元主体协同机制及合作模式解决当前存在的问题

通过本书前部分章节可以看到，目前多元主体参与民间艺术的保护与发展工作虽然取得了一定成效，但是在互动、实践及推广等过程中依然存在着明显的问题。

其一，不同主体参与民间艺术项目的动机不同，这常常引发各方之间的矛盾与冲突。就美术和工艺类民间艺术项目而言，传统工艺师傅或民间艺术传承者基于个人审美和认知，创作和生产了各种民间艺术品。他们坚守民间艺术创作，不仅是为了实现传承和保护民间艺术的文化自觉，更是通过艺术创作不断传承珍贵的文化遗产，为优秀传统文化的延续和推广作出贡献。同时，他们也希望通过这些项目获取一定的经济收益，以维持生计和促进个人发展。然而，在这些项目的保护与发展过程中，一些企业可能由于商业利益的驱动，未经许可使用民间艺术品，甚至随意修改作品的风格和元素以追求利润。例如："澳大利亚联邦法院1991年7月25日审理了Terry Yumbulul诉澳大利亚联邦储备银行、原住民艺术家代理有限公司及安东尼瓦利斯案，该案就涉及了对传统文化产权的不合理使用。"[1]可见，企业的介入可以增强民间艺术的影响力、表现力和市场价值，但以营利为唯一目标的开发行为可能涉及版权侵权和内容剽窃等法律问题。未经授权使用民间艺术品不仅忽视了传承人和艺术家的知识产权，也无法为他们带来实际收益，这样的行为加剧了各方之间的紧张关系。

其二，各方实践手法的多样性常常导致民间艺术项目的形态混乱，内容与原貌渐行渐远。在工艺类民间艺术项目的保护实践中，地方政府、企业和村民各自以不同方式介入。地方政府为增长地方经济，希望项目作品既具有地方特色又具有吸引力，因此常通过推出指导性策略及干预式项目来影响民间艺术的形式和内容；企业则注重市场的接受度及追求消费者的认可度，有时会倾向于对民间艺术产品进行创新改造；而许多坚守传统的村民仍执着于传承民间艺术原始的艺术价值观。这些不同的参与方式不断引发民间艺术保

1　田艳．少数民族非物质文化遗产传承人法律保护研究［M］．北京：中央民族大学出版社，2017：214.

护实践过程中的摩擦和分歧。尽管部分参与者愿意通过协商来寻找共通的实践路径，但由于缺乏有效的沟通机制和合作架构，至今没有适合的平台让各方交流和协调，因此难以形成亲密的社会网络关系，更难培养相互尊重和包容的合作氛围。这种局面直接导致民间艺术项目在不同力量的影响下，出现内容、形式和内涵的扭曲。正如董晓萍的总结："原单一文化模式内部的节日凝聚力，出现紊乱和变异。一旦外界强力影响与内部的容忍度发生了冲突或偏差，就会引发一系列社会问题，包括现代保护的非遗节日与原有单一文化模式的不协调，节日传承与保护项目的矛盾，非遗节日所暴露的民俗不适应性，某些非遗节日活动的负面作用，如追逐市场吸引力，趋附新媒体的强势传播等。"[1]可以说，由于缺乏有效的沟通机制和合作架构将造成合作的危机，有可能会引发不同主体之间的矛盾。

其三，主体间的认知差异往往引发态度和参与方式上的对立问题。民间艺术是地区民众文化理念与审美品位的表达，展现出了浓厚的民间特色。在全球化和市场化的影响下，越来越多的参与者开始关注并参与民间艺术的保护与传播。由于身份、民族、年龄、文化背景等方面的差异，新兴参与主体对民间艺术的理解可能与传统主体存在分歧。尤其在诸如节庆类、祭祀类的民间艺术项目中，不同的认知很容易引发对特定文化和信仰尊重的敏感问题。例如，民俗节日的艺术表演可能涉及特殊的地方性符号。外来参与主体对这些符号可能只有浅显的了解，无法深刻理解其背后的文化内涵，而只从外在形式和风格的角度进行评价和解读。这些外来参与主体有时不仅对这些民间艺术元素了解不足，而且可能会从伦理和道德角度误解或抵制它们。这种认知差异被传统参与主体视为对其生活方式的质疑，甚至是对文化权利的侵害。笔者曾对地方政府参与民间烧龙仪式的案例进行分析时总结："象征符号表象层面缺乏精神支撑，真正的意义内涵不能被表象传达，难以形成统一。不同人群的认同分歧越来越大，甚至导致文化濒临消亡的危机。由此可见，造成这一分歧的原因是他者与主体缺乏交流与理解以及两者力量在象征符号的发展及传承过程中未达到平衡。"[2]可以看到，在互动与合作过程中，

1　董晓萍．民俗非遗保护研究［M］．北京：文化艺术出版社，2016：112.

2　杨帆．象征、符号与权力——基于马颈坳镇烧龙仪式的田野考察［J］．装饰，2016（8）：92-94.

这些差异经常引发不同主体之间的冲突，导致难以达成一致的保护方案，难以制定统一的执行计划。

其四，各个主体参与民间艺术保护与发展工作时的资源贡献和获取收益常呈现出明显的不均衡，可能滋生不公平现象。为了维系和促进民间艺术的传承，不可避免地需要财政支持、专业技术支持以及各类物质与非物质资源的支持。然而，这些关键资源在实践中的分布往往不公平，缺乏公正性和均等性。由于参与主体的社会地位、权力结构和社会网络不同，资源配置和利益回报往往呈现出显著的等级关系。这不仅促使独立自主、片面行动的现象发生，还加剧了成果的不对称性和利益分配的不平衡性，容易引发各方之间的紧张和冲突。在融入文化旅游项目的民间艺术活动中，这种情况尤为明显。当地政府官员、旅游企业负责人、民间组织负责人、传承人以及基层民众可能就财政归属、权力分配等问题展开激烈竞争。尤其是部分主体在民间艺术商业产品开发的战略与行为上存在意见分歧，导致方向的不一致。在相关主体未能建立互尊互谅的桥梁之前，资源和利益的对峙将成为阻碍民间艺术保护与发展工作向前推进的重要障碍。

除了前述问题之外，随着时代变迁和各种力量交织碰撞，一系列新的难题不断涌现，相关冲突也接踵而至。解决这些问题的关键仍然在于问题的发现者和影响者。要解决当前和未来民间艺术保护与发展工作中的复杂难题，需要国家、地方政府、民间艺术组织以及全社会民众的积极参与与共同努力。总之，只有通过积极的协商对话和深入合作，通过建立稳固的多元参与机制，我们才能确保宝贵的民间艺术得到高效率、高质量的保护和发展。

三、现代民间艺术治理优化的必然趋势

多元主体的共同治理体现了国家现代治理体系和治理能力在现代化社会中的演进。这种演进意味着从仅由政府独自治理社会逐渐向政府与社会共同参与治理的模式转变，也代表了政府与社会共同推动治理进程的趋势。在国家现代治理的具体工作中，多元主体的共同参与被视为重点关注的内容。这种参与模式在协同机制的框架内，依据既定的协议和规则，以共同实现的目标为指引，展开了各类针对性活动。

在民间艺术的保护与传承工作中，多元主体的参与协同合作被视为公共文化治理的一种重要尝试。在这个过程中，各方根据共同目标的原则，通过集结、协商和决策等工作，共同承担各种项目。这种协同合作的过程基于包容和透明的原则，强调共同性、协同性和互补性，是一种公共文化治理的集体行动。因此，多元主体在民间艺术中的协同合作是优化国家公共文化治理的一种尝试。其所展现的过程、层次、类型等方面的内容对现代治理优化具有一定的参考价值。通过多元主体之间的合作，政府、文化机构、民间组织、艺术从业者及民众等共同推动民间艺术的保护与发展，实现了共同目标。这种多元主体协同合作的模式能够有效整合各方力量，提供更全面、多元的公共文化服务，为民间艺术的繁荣与传承作出贡献。

在国家现代治理中，借鉴多元主体参与民间艺术协同合作的经验，可以促进公共文化治理的优化。通过建立更加开放和包容的协同机制，鼓励各方参与民间艺术的保护与传承，并加强合作与协商，可以形成更加有效和持续的治理模式。这种治理模式能够更好地满足社会多样性和变化性的需求，为公共文化的发展与文化多样性的维护作出重要贡献。可以说，多元主体在民间艺术保护与发展工作中的协同合作对于现代文化治理的优化具有重要的参考价值。

首先，多元主体的共同参与在将来民间艺术保护与发展工作中是至关重要的。目前，一些民间艺术项目在实践中常常存在着决策不够全面、考虑不够周到等问题。特别是由单一力量主导的展演活动，往往导致结果脱离实际，执行效率低下，无法吸引观众的关注和参与。然而，多元主体的参与对于民间艺术的决策和执行工作具有关键作用。一方面，在决策过程中，多元主体的参与可以确保决策考虑到各方利益，不仅满足官方管理层的需求，也要充分考虑到普通民众的文化需求，确保决策结果是民主和合理的；另一方面，在执行阶段，多元主体的参与可以促成各方之间的互补与配合，提高治理质量。不同主体之间的协调与配合，有助于共同解决问题，并在执行过程中相互提醒并通过协商解决出现的问题。综上所述，多元主体通过民主和平等的协同合作，可以确保民间艺术决策和执行工作的高质量。他们的参与可以保证决策满足所有主体的需求，并在执行过程中促进互补与合作。这种协同合作的模式有助于提高民间艺术项目的运作效率，吸引更多的参与者，并提高社会对民间艺术的关注度。因此，鉴于多元主体协同合作的优势，我们应该在民间艺术保护和传承中加强这种模式的应用，以不断优化公共文化治理，从而推动民间艺术的繁荣发展。

其次，多元主体协同合作符合当下地方治理的需求。在公共文化治理方面，社会各界已经达成共识，即治理不仅仅是国家和地方政府的职责，还需要民间力量的协同参与。民间艺术被视为非官方艺术，具有典型的民间属性。然而，受到其他文化潮流的影响，民间艺术有时过分迎合他人的需求，而忽略了作为地方文化应承担的民间文化功能。尤其是在现代化和市场经济的影响下，民间艺术逐渐顺应旅游市场，过度追求市场价值，导致其原本应承担的民间艺术治理特殊使命逐渐削弱。当市场成为民间艺术治理及发展的唯一准则时，民间艺术所积淀下来的文化功能只会逐渐淡化，最终成为只有外表没有内核的空壳。民间艺术的治理具有典型的公共事务治理特征。因此，我们不应将经济价值作为民间艺术的唯一目标，而应将其纳入文化治理领域，使其回归到地方治理的本质出发点。民间艺术的保护与发展需要各个层面的民间成员参与，例如地方精英、村民和私人组织机构等。一些非官方艺术机构和民众只有获得治理合法性，才能摆脱僵化的行政职务级别和行政管理模式。这种去行政化、去官方化的转变使得民间艺术治理成为地方治理的试点项目之一。在村民自主权的正面作用下，民间艺术得到了发展，实现了从传统的管理向现代治理的转变。

再次，多元主体协同合作可以减轻政府在文化治理方面的负担。目前，各级政府投入了大量的人力、物力和财力来进行民间艺术的保护与发展工作。特别是在一些少数民族地区，地方政府积极动员资金和资源，以打造民间艺术品牌，推动地区政治、经济和文化的发展。然而，通过一些案例可以看到，仅仅依靠地方政府单一的力量很容易导致民间艺术变成官方自导自演的节目，导致其迅速异化并与民众脱离。如何解决地方政府在公共文化治理方面的困境？这需要地方政府在进行必要改革方面采取行动。随着传统文化价值的进一步凸显，越来越多的市场和社会力量开始关注并参与民间艺术的传承和保护。市场和社会力量更贴近民间艺术的生存环境，并且在技术和人气等方面具有许多优势。特别是一些企业愿意投入财力来支持民间艺术的传承和发展，可以解决当前民间艺术最缺乏的经费问题。在一些地区，因为市场和社会力量的支持，民间艺术的复苏现象明显，在政绩和经济等方面取得了巨大成就。因此，多元主体协同合作可以有效解决当前公共文化治理中力量单一等问题，有助于通过多方力量最大程度地提升保护和发展工作的效率和治理水平，最终实现预期目标。

综上所述，建立多元主体协同机制和合作模式极为必要。我们可以充分借鉴国外工作经验，通过更全面的、高效的工作解决现存问题，为民间艺术的繁荣与国家文化治理的优化创造更加有利的条件。

第二节　多元主体参与民间艺术协同合作机制的建构

多元主体在民间艺术保护与发展工作中的协商、合作和资源调配，需要建构一个具备包容性、灵活性和透明性的多元主体协同合作机制。这样一个多元主体协同合作机制应当具备不断动态演进的特性，能够与时俱进，不断适应民间艺术保护与发展的新要求，从而为民间艺术事业的长远发展奠定坚实基础。

一、协同合作起点：保护与发展民间艺术的统一目标导向

在多方参与主体协作的背景下，建立信任关系成为任何合作共同体的关键先决条件。那么如何建立这种信任？这与参与各方的动机和目标紧密相连。当前，多个参与主体在民间艺术的保护与发展上存在目标差异，这往往与参与主体身份特性、组织结构和文化洞察有关。简言之，这些目标可以概括为四类：首先，追求文化价值的国家机构着重于维系社会稳定、促进文化兴盛，并激发公民的文化自信；其次，追求经济利益的企业将民间艺术视为资产，利用其商业潜力以支持业务发展并增加财务收益；再次，追求政绩、地方发展的地方政府将民间艺术视为工具，积极推进民间艺术的持续发展；最后，追求个人文化心理满足的民众，在民间艺术中寻求精神快慰。可见，

参与主体的多样性目标对保护和发展民间艺术工作的顺畅进行，无疑造成了影响。不同目标直接导致发展策略偏移方向，可能致使民间艺术形态、价值和意义发生变化。鉴于此，各利益相关者在倡导和推进民间艺术实践时，应当致力于融会彼此的利益与期望，共同追求一个统一的目标。那么应该建立什么样的统一目标？本书建议如下。

1．艺术性目标

尽管民间艺术保护与发展的目标多种多样，但就民间艺术本身的发展而言，回归到其艺术本质更为合适。民间艺术作为一种传统文化表现形式，承载着民众特定的文化、历史和审美情感。因此，对民间艺术保护与发展的目标首先需要遵从其艺术特质，以传承艺术元素为主要目标，以促进艺术发展为长远目标。同时，将民间艺术保护与发展的目标回归到艺术范畴，能够确保保护行为不受到功利性目标的影响，而更多是注重对民间艺术作品的内在艺术价值。对此，各个参与者首先应该尊重民间艺术的本质，注重保持艺术形式和艺术语言的传承。同时，充分尊重民间艺术项目所蕴含的创造性，使民间艺术的艺术价值得以延续。

2．持续性目标

对于民间艺术的保护与发展来说，可持续性应当成为其核心原则和起点。追求民间艺术的可持续性不仅仅是为了艺术本身，也是为了保护和发扬人类共有的文化遗产，也是为了带来生态、经济、社会和文化等多方面的长期利益。从这一原则出发，构建一个以可持续性为核心的工作体系是必要的。在这一框架内，对民间艺术的保护和发展必须充分尊重和赋予艺术传承人以重要地位。只有艺术传承人的坚守与奉献，才能保证民间艺术与现代社会持续性的互动和创新，使文化能够适应新的环境和趋势，同时保持其本质特征不变。通过这样的尊重和赋权，结合传统的传承和现代的创新，民间艺术才能够保持其生命力及持续力，跨越时代继续实现有序发展和有效传承。

3．地方性目标

民间艺术通常起源于普通民众之中，它是人们日常生活、民间信仰、历史传说和社会习俗的自然表达。这些艺术项目深深植根于特定的场域中，反映了民众的生活方式、价值观念和休闲娱乐方式。因为正是在地方，民间艺术才能得到真正的实践，同时确保民间艺术避免商业化和他者化的稀释。因此，传承人和社区民众等地方性需求和目标应被放在首位。各个主体应该在社会、文化、法律和经济层面全面以保护和促进民间艺术的地方性为目标，确保民间艺术充分展现、传承与传播地方文化。需要补充说明的是，民间性并不是追求民间艺术一成不变，而是通过有机的民间艺术实践，推动其在现代社会中的活跃性传承与创造性转化。

二、协同信任基础：保护与发展民间艺术的主体责任明确

“民主合作是多元治理的基本特征，通过多元主体的集体智慧，治理工作围绕多元主体的协同机制顺利运作，治理方式以多元主体协同为要点，治理重心指向多元主体协同的关系协调。”[1]目前，参与民间艺术的保护与发展工作的行动者主要包含国家、地方政府部门、民间艺术组织、社会精英、传承者以及普通民众等。为了构建一个高效的协同合作机制，在正式工作开展之前，各关键参与方需厘清各自的角色与职责，并确保在自身领域内高效率、高质量完成本职工作。

1．国家：民间艺术保护与发展工作中的主导者

自改革开放以来，国家逐渐认识到民间艺术在培育民众文化自信、建立身份认同等方面的重要作用。因此，国家以主导者身份开始介入民间艺术的保护与发展工作。在具体实践中，国家充分发挥主导作用，通过策略制定、财政援助以及项目实施，引导其他参与主体遵循国家的文化艺术方针来开展民间艺术的保护与发展工作。具体而言，一方面，国家制定了一系列文化治理策略，形成了多方面的政策措施，推动和规范民间艺术工作的有序开展。这些政策着重于规范各个参与主体的行为，使其在合理的范围内发掘和整理民间艺术的内容及产品。另一方面，国家通过推出相关项目及举办相关活动

1　黄成凤．协同共生——治理体系现代化校本实践［M］．成都：四川大学出版社，2023：35.

并提供经济资助，以激励其他主体的广泛参与。近年来，国家举办多项针对民间艺术的评选活动，并设立各类有针对性的艺术奖项和艺术项目，以发动更多的主体参与民间艺术的保护与传承。国家的这一行动不仅确保了民间艺术得到更好的保护、传承、挖掘、整理及推广，还充分发挥民间艺术的积极作用，营造良好的文化氛围，实现民间艺术所具备的艺术功能、社会功能和教育功能。至此，国家以主导者身份落实了公共文化服务与治理的职责。

2. 地方政府：民间艺术保护与发展工作中的管理者

在民间艺术的保护与传承工作中，地方政府扮演着至关重要的角色。作为国家权力的延伸，地方政府在遵循国家指导与政策部署的基础上开展工作。目前，地方各级政府已建立了纵向化、层级化的管理体制，并确立了自上而下的管理体系，以保障国家指令的顺畅传递。按照国家文化部门的指导文件，地方政府承担着民间艺术评选的诸多任务，包括挖掘、包装、管理、推荐及汇总等。省市级政府还根据具体文档要求，对申报项目进行筛选，并向国家层面报告。这些评选活动已建立了高效化、规范化和系统化的评估框架，确保了各个环节的井然有序，实现了国家指令的准确传达。在实践管理方面，地方政府为民间艺术项目提供了发展所需要的资源和平台。地方政府以国家标准为准绳，指导各项活动的有效进行。区县级政府的工作人员常需深入民间艺术活动现场，以确保具体工作的规范运作。随着行政管理体制和财政改革的推进，一些地方政府意识到工作目标与内容亟待更新，因此利用民间艺术营造地区浓厚的文化环境，不仅有助于提升政绩，也能最大化财政项目的开发效果。因此，一些地方政府积极发展文化产业，并通过建立开放互联、市场整合的格局来促进地方文化产业的壮大。可以看出，各级地方政府正在建立一种自上而下、协同治理的新型社会关系模式，以全力完成国家布置的管理、服务及开发工作。在各项工作中，地方政府始终以管理者身份开展各项工作，始终遵循国家文艺政策，这对民间艺术保护与发展起到了极为关键的推动作用。

3. 民间艺术机构：民间艺术保护与发展工作中的组织者

民间艺术机构分为官方和非官方两大类。官方机构通常由国家或地方政府设立。这些机构通常享有政府的资金支持，但也受到政府文化主管部门的监管，并需遵守相应的约束和监督机制。它们的工作职责符合国家艺术方针，涵盖民间艺术的保护、传承、推广、组织和发展等范畴。在实践中，官方机构扮演了重要的桥梁和纽带角色，推动了民间艺术与社会、经济之间的积极互动，建立了国家、地方政府与乡村共治的格局。非官方民间艺术机构则多由艺术家、爱好者或私人团体自主创办，专注于某一地域特定的民间艺术项目的维护与传播。这些私营机构以自身发展为目标，以市场导向为运作核心，举办了各种演出、培训和交流活动。虽然其规模、影响力往往次于官方机构，但是非官方机构反映了民间艺术的本质特性，对于保护与发展民间艺术具有独到的价值与作用，同时对于地方文艺氛围的繁荣具有一定的推动作用。总体而言，官方和非官方机构都是民间艺术活动的组织者，对于拓展、传承和发展民间艺术都至关重要。

4. 企业：民间艺术保护与发展工作中的助力者

近年来，越来越多的企业已经意识到了民间艺术在文化和商业上的双重价值，将其视为推动企业经济及文化层面发展的重要战略工具。这些企业积极投入资源，进行民间艺术的深入性发掘、精品化包装、创新性改造以及市场化推广，从而使民间艺术以产品的形式融入艺术品市场、演出市场、旅游业、影视领域以及日常消费品市场。在市场经济的推动下，企业已成为民间艺术发展与传播的重要助力者之一。它们通过提供资金支持、技术创新和有效推广策略等手段，促进了民间艺术在现代环境下的稳健传承与蓬勃发展。企业的积极参与不仅推动了民间艺术的传承和发展，也为其赋予了新的商业和社会意义。同时，企业也因积极投身于民间艺术的商业化和社会化进程，获得了多方面的经济和社会收益，并提升了企业形象。总之，企业的参与不仅带动了民间艺术的保护与发展工作，更使之在当代社会展现出强劲的生命力，确保了民间艺术的合理开发与有效传承。而在这一过程中，也为企业自身赢得了良好的社会声誉和经济效益。

5. 民众：民间艺术保护与发展工作中的参与者

民众在民间艺术的保护和发展工作中扮演着核心角色。民众不仅是实践者，还是文化的传递者、传承者。在族群文化根基和地域环境特色的滋养下，民众从社区互动、传统习俗中汲取灵感，不断地通过创造、继承和实际操作民间艺术来丰富生活。在这一过程中，民众将民间艺术与时代精神相融合，为传统艺术注入了新的生命力和表现力。在具体的文化实践中，民众的积极参与不仅支撑着民间艺术领域的发展，更是其保护工作的重要推动力。一些民众通过掌握和精进相关技巧成了杰出的民间艺术大师，而更多的民众在日常生活中以交流、展示和教学的形式宣扬民间艺术，助力其普及与流传。同样，对民间艺术品的消费也为这一传统文化活动提供了坚实的群众基础和市场需求。归根结底，群众是民间艺术得以生生不息、代代相传的关键所在。他们的贡献确保了民间艺术的技能、知识和文化价值能被一代代地传承下去，使无数弥足珍贵的文化遗存留存至今。

此外，教育机构、学术精英、媒体、出版社、文化活动策划者等主体也在民间艺术的保护与发展工作中发挥着重要作用。他们以不同的身份，承担着独特的主体责任，并通过多样化的方式和渠道，共同推动民间艺术的传承和发展。

三、协同信任条件：多元主体参与行为的监督规范

行为监督规范对于民间艺术各项活动的开展至关重要。为了确保民间艺术保护与发展工作合作体系的公平性和高效性，需要制定明晰的监督规范来指导各个参与主体的行动。

目前，各方主体缺乏相互监督规范可能会削弱民间艺术保护和发展的成效，甚至引发不同主体之间的矛盾。国家和地方政府在民间艺术保护实践中扮演着关键的引导角色，但过度行政干预可能会导致民间艺术在创作及发展中受到狭隘管理的束缚，背离其艺术、文化和社会内涵。正如罗树杰对政府干预下大起大落的虎村传统节日进行观察后所感叹：“村民认识到国家权力和政策对族群传统传承的关键性作用，是不可抗拒的力量，在权衡利弊之后，他们是不可能舍命去传承传统的。只有在保证生命安全不受威胁的情况下才可能去传承传统”[1]。

1　罗树杰．传统节日的生命力——广西虎村彝族跳弓节的个案研究［M］．北京：知识产权出版社，2015：244.

相对地，传承人、社会精英和部分公众作为专业权威和实践者，若未受到适当监督规范，可能也会在项目实施中偏离既定轨道，冒险触碰法律和道德的边界展开行动，进而削弱了民间艺术的品质。“在一个艺术以及艺术家的地位和价值得到异乎寻常的肯定与承认的文化环境里，人们正由于过于张扬艺术家的意义，反而令文化的本质遭遇遮蔽。”[1]

为了解决这些问题并促进民间艺术的有效保护与发展，建立一个以公平性、适应性和灵活性为核心的多元主体相互监督的机制至关重要。在这一机制下，各参与方相互评价和监督，以增强透明度和责任感，确保每个行为方的权利和义务得到充分尊重。不同参与主体被授予不同的决策权和执行力，使得个体和组织能够按照赋予的权责自主开展工作，以形成一个相互制衡的、防止权力滥用的监管网络。这种网络能确保权力在民间艺术保护及发展工作中得以正当而有效的运用。同时，该机制建立一个征集意见和建议的开放体系，准许利益相关者在权力、利益和责任方面互相制衡，追求在民间艺术保护和发展的效率与公平之间的理想平衡。在意见的反馈中，各治理主体将维持非从属的平等伙伴关系，以协作的姿态开展相互评价和监督，每个实体均有平等的话语权和决策权发表意见及建议。必要时，可以通过制定法律、利用经济手段或行使行政权力，要求各个主体在民间艺术项目中的行为保持均衡。特别是在企业参与民间艺术项目的情况下，地方政府、社会组织和民众都可以通过法律法规发挥监督和平衡的作用。例如，当企业对民间艺术进行过分干预时，其他参与主体可以依据国家政策法规监督其行为，保证干预行为合法合规。在必要时，相关主体可以通过专门平台对企业的违法或不当行为进行举报。当然，建立相互监督的机制必须综合考虑参与各方的地位、作用以及资源和权力的整合与配置等问题。这涉及决策、执行、监督、评估等多个环节的系统化优化，以及监督机制的综合性构建和卓越性运作。可以说，这种平衡的实现不仅要求地方政府、社会组织和民众等参与主体的积极参与，还需要通过法律、经济和行政工具建立博弈机制。只有这样，才能有效推动民间艺术项目管理，并确保各方权益得到均衡。

1　张士闪．从参与民族国家建构到返归乡土语境——评20世纪的中国乡民艺术研究［J］．文史哲，2007（3）：17-28.

总之，相互监督规范的建立是多元主体合作机制的必要条件。只有实现相互监督规范，才能保证各方在实践工作中都享有平等的权利和职能，从而保障各方的利益，为协同治理奠定基础；只有实现相互监督规范，才能确立互动合作的标准、内容及方式，从而确保民间艺术的传承与发展工作得到有效的推进和完善；只有实现相互监督规范，才能保证各方主体以合作伙伴的身份参与民间艺术的保护与发展工作，从而进一步推动协同治理的发展格局，并有效优化协作机制的循环运行。

第三节 多元主体参与民间艺术保护的合作模式设计

"多元主体的合作模式是典型的协作型公共管理模式，在跨管辖区、跨组织或跨部门环境中，为实现共同利益的最大化而构建平等化的网络组织，通过不同组织或部门之间的对话和协商达成协作承诺，并通过执行和实施这些承诺以解决由单个组织或地区无法有效解决的问题。"[1]在民间艺术保护与发展工作中，多元主体合作模式同样需要通过不同组织或部门之间的对话和协商，达成协作承诺，从而构建平等化的网络组织。之后再凝聚各个主体力量，通过执行和实施承诺来实现共同利益的最大化。这种合作模式不仅仅是简单的合作，更是一种共同努力、协同作战的过程，旨在打破隔阂，促进资源共享，实现更广泛的社会效益。

一、合作模式类型

"协作机制的建立必须同时考虑相互间的基础关系，以及创新主体在网络中的地位和权利分配，由此建立不同区域的协作机制，形成不同的合作模

1 汪建昌. 区域行政协议的运行机制和实现路径研究［M］. 南京：东南大学出版社，2021：143.

式。”[1]在民间艺术领域，多元主体合作模式所涉及的主体极为广泛，包括国家、地方政府、企业、新媒体平台、民间艺术组织、民间艺术精英以及广大民众等。为了确保各个主体在合作过程中能够高效平等地发挥作用，可在充分考虑不同地域、不同类型、不同项目需求的基础上，灵活选择适合的合作模式，以有针对性地开展各项工作。

1. 政府主导模式

政府主导型模式是指在民间艺术保护及发展过程中，以中央政府及地方政府为主导，组织不同参与主体参与民间艺术的挖掘、整理、开发、推广和管理等各项工作的模式（图8-1）。在此模式下，政府制定政策框架，提供资金支持和资源配置，以带动各个主体共同推动民间艺术的保护和发展。

中央政府及地方政府在保护及发展民间艺术过程中，需要与企业、民间艺术组织、教育机构、专家学者及民众等各方主体展开合作。一方面，中央政府及地方政府通过制定相关的法律法规和政策文件，提供必要的资金支持，引导各类主体共同策划和实施民间艺术项目，从而发挥各自的优势和资源以提高项目的效益和影响力。另一方面，中央政府及地方政府还可以邀请

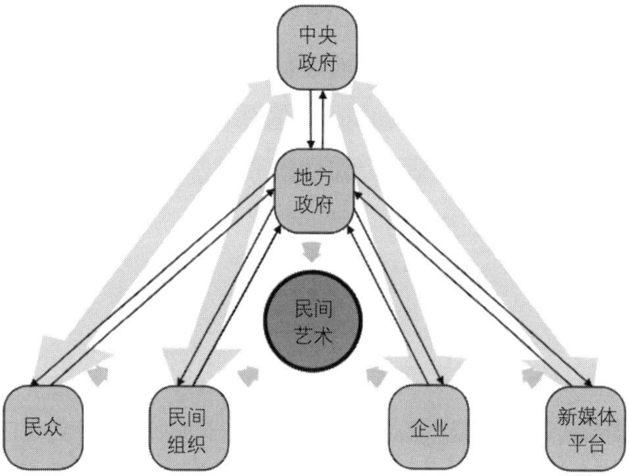

图8-1　政府主导模式

1　杨莉虹．多元视角下旅游产业发展研究［M］．长春：吉林人民出版社，2021：59.

专家学者、社会精英及传承人参与民间艺术政策及项目的制定和实施。这一过程中，中央政府及地方政府应充分倾听专家学者、社会精英及传承人的意见、建议，以提高政策的针对性和可操作性，从而形成合力，共同推动民间艺术事业取得新的成就。

针对地方民间艺术活动的开展，政府主导模式可以通过多种方式进行优化和丰富。以展演类民间艺术活动为例，中央政府作为主导者可以通过政策条例和财政项目来引导和支持展演内容和方向。在这方面，中央政府可以通过宏观管理层面协调各参与主体，并委托联合代理人进行具体的指导与管理工作。此外，中央政府还可设计财政和税务政策，为参与民间艺术活动的企业和民间组织提供财政支持和税务优惠，以鼓励其积极参与活动。地方政府作为中央政府在地方的代理人，则应根据中央政府政策文化，对活动进行统筹规划和具体安排。地方政府可以充分利用自身资源和平台优势，为活动提供必要的支持，确保活动的顺利开展。为了保证活动质量，地方政府还可以邀请其他主体参与合作。企业可以在地方政府的引导下，利用其在技术、资源等方面的优势，为民间艺术活动的高效开展提供有力支持。传承人、文化精英等主体可以由地方政府牵线，与企业进行联合，在活动中承担企业不擅长或不熟悉的任务，例如内容呈现、展演过程和艺术表达等，以实现合作共赢。

总之，通过政府主导模式，能够更好更高效地开展民间艺术的保护及发展工作。在这一模式下，各个参与主体在中央政府及地方政府的主导下，有序配合，为民间艺术的发展提供更充分的资源和支持，从而使各类艺术创作及艺术活动更加高效率、高质量地发展。

2．网络互惠模式

人类学家通过长期田野调查，发现在一些地方，“有一套符合自身社会逻辑的规则体系和社会控制机制，他们的这一套系统机制系通过人与人之间互惠性的交往关系理论来构建的。构建在需求关系上的互惠性交往维系了社会内部的和谐与平衡。”[1]为了建构网络互惠模式，各个主体参与主体需要建

1 吴大华．法律人类学论丛［M］，北京：中央民族大学出版社，2022：65.

立必要的网络关系，毕竟“‘互惠性’这个概念意味着网络行动人之间的关系是相互的，现实世界中很多联盟者恰恰是因为他们有不同的性质才联盟的，这表明，两个行动者之间的相同的属性和不同的属性都可以带来‘关系’。属性相同，可以情投意合；属性不同，则有利益互补。即属性的相同与不同对于关系的建立和维持起作用的方式是不同的”[1]。那么如何建立网络关系？除了必要的交流与互动，还需要对权力进行重新调整，以权衡彼此的权益。这种具有网络关系的权力结构是协同治理的基础，也是实现公共文化共治的前提。

在开展具体工作时，各参与主体需要充分了解其他参与主体的特点和需求，以便更好地建立关系。中央政府作为民间艺术保护和发展工作的主导者，通过政策支持和资金投入，促进地方政府更好地实施民间艺术保护项目，并鼓励企业参与民间艺术开发工作。此外，中央政府还通过项目和竞赛为艺术组织和民众提供发展机会和展示平台。地方政府作为民间艺术保护和发展工作的管理者，具有具体的实践和组织能力。地方政府在国家政策的引导下，积极推动民间艺术的发展和保护工作。同时，地方政府的场地资源和媒体资源为企业参与民间艺术活动提供了有利条件，并为艺术组织提供了更好的运作环境和展示机会。企业作为民间艺术保护和发展工作的助力者，通过资金投入和技术支持为中央政府和地方政府的民间艺术保护工程提供助力。同时，企业为艺术组织和民众提供了更多的发展机会和技术支持。艺术组织作为民间艺术项目的组织者，为中央政府和地方政府的民间艺术保护工程提供丰富的文化资源和内容支持，并为企业提供了开发灵感和原始素材。民众作为民间艺术活动的实际参与者，为中央政府和地方政府的民间艺术保护工程提供了社会基础和动力支持，并为企业和艺术组织的活动提供了观众基础和市场基础（图8-2）。

总而言之，这种建立在网络互惠关系上的模式能够形成一个更加和谐的权力结构，使各个主体在民间艺术保护与发展工作中发挥各自的作用，并始终通过互惠互助合作，共同推进民间艺术的保护和发展工作。

1 高英慧. 基于利益相关者的地方政府债务风险及其治理研究［M］，沈阳：辽宁大学出版社，2018：91.

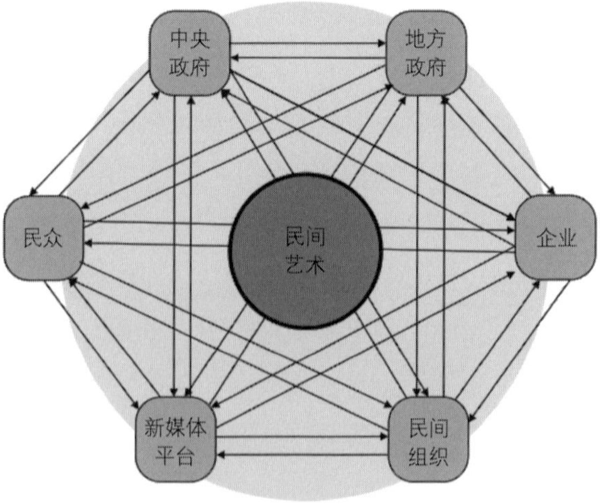

图8-2　网络互惠模式

3. 民间主导模式

民间艺术的独特价值在于其扎根民间，其形态、内容体现了民间智慧与民间审美。随着民间力量在民间艺术领域的地位越来越显著，民间主导模式正逐渐成为促进民间艺术持续发展与有效变革的关键模式。

民间主导模式强调传承人和民众的核心作用。传承人和民众直接参与民间艺术的实践，是保护与传承民间艺术的关键推动者。其中，民众在技艺传承和艺术创作中扮演主要角色，为民间艺术的传承与发展奠定坚实基础。传承人作为民间艺术的中坚力量，凭借独特的技能和经验，对保护和发展工作作出了重要贡献。只有传承人的积极投入，才能保障民间艺术的保护与发展工作的持续性、专业性和科学性。然而，一些民间艺术项目在活动策划和实践中未充分尊重民众和传承人的权益，这与国家已颁布的相关政策不符。因此，各个参与主体有必要建立民间艺术主导模式，以确保民众及传承人的权益得到充分尊重。

那么，如何建立一个更加民主、参与性强的民间主导模式？如何确保民间艺术实践真正符合民间主体的需求？首先，应加强对传承人及民众权益的法律保护，确保他们的知识产权、收益分配和社会福利得到充分保障；其次，应为民众及传承人提供培训和教育机会，帮助民众及传承人提升技艺，开拓视野，提高自主创新能力；再次，应向社会加强宣传，提高社会各界对民间艺术和传承人的认识和尊重。必要时，可以通过各种展览、交流和推广活动来促进传承人工作的宣传与推广，提高他们的社会地位。总之，只有通过这些措施，我们才能有效激发传承人及民众的热情和创造力，使他们成为多元主体合作模式中的主导力量。

当然，民间主导模式还需要在一定程度上刺激民众有效开展工作。民众作为直接参与者和文化传承者，拥有丰富的经验和独特的视角，能够为其他主体在民间艺术的保护和发展的工作提供宝贵意见和实践经验；同时，民众的参与可以促进多元主体之间的沟通和协调，形成共识和合作共识，从而推动其他主体在民间艺术保护工作中稳步落地；此外，民众广泛分布于社会各个层面，他们能够为其他主体在民间艺术保护工程中提供丰富的人力、物力和智力资源，从而增强保护工作的有效性和可持续性；最后，在具体的实践中，民众能够及时反馈对民间艺术保护工作的意见和建议，帮助其他主体更好地了解社会需求和底层民意，从而调整和优化工作方案。然而，需要注意的是，民众作为主导力量并不意味着其他主体的作用被边缘化。相反，民众应该与政府、企业、艺术组织等其他主体形成良好的合作关系，共同推动民间艺术保护工作的开展。

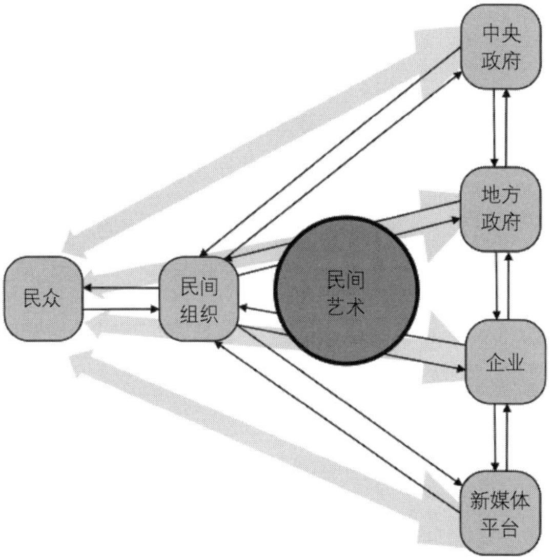

图8-3 民间主导模式

4．第三方组织监督模式

第三方组织作为独立于政府的社会组织，可能更灵活、更专注于特定的任务。“随着我国政府体制改革的不断深入，社会治理方式的不断创新，且作为政府职能的有益补充，社会组织越来越多地参与社会公共事务管理，并在社区服务、灾害应对、公益善行等方面均起到了非常积极的作用，也有效降低了行政成本并维护了良好的社会效益。”[1]在民间艺术的保护与传承过程中，第三方组织除了可以发挥制定保护计划、组织志愿者活动、筹集资金等功能，还能在监管方面发挥关键作用。

具体而言，为了保证多元主体权利的均衡以及协调各主体之间的关系，可以考虑引入第三方机构或成立专门的社会组织来规范民间艺术保护与发展过程中的相关权责，并协调各方的利益。这样的机构可以充当监管者和中介者的角色，确保所有主体在民间艺术保护与发展工作中发挥各自的作用。社会组织或第三方机构可以制定与发布规章制度，明晰各个主体的责任与义务。在实际工作开展中，这些组织可以制定详细的准则、标准及执法程序，并向各个主体提供专业的咨询支持。当然，社会组织或第三方机构也可以定期举办培训、互动活动，从而促进各主体之间的合作和交流。当权力失衡时，可以依靠这些社会组织或第三方机构来调整和维护稳定的网络关系。必要时，社会组织或第三方机构可以起到独立仲裁的作用，公正地处理各方之间的纠纷和分歧，以避免权力滥用和不当竞争的问题。同时，社会组织或第三方机构也可以作为各方利益的代表，向国家及地方政府提供建议，助力一些民间艺术保护及发展项目的制定和实践（图8–4）。

总之，通过引入第三方机构或成立专门的社会组织，可以建立一个相对稳定、公正和透明的权力协调机制，保障各个主体在民间艺术保护与发展工作中的合法权益和责任。同时，这样的机构还可以促进各个主体的知识共享、资源整合和合作创新，从而提升民间艺术保护与发展的整体水平和影响力。可以说，借助第三方机构或社会组织的存在，可以进一步完善权力分配

1　吴卫群．“互联网+”背景下社会组织的多元协同监管研究［J］．社会与公益，2020（9）：16-19，30．

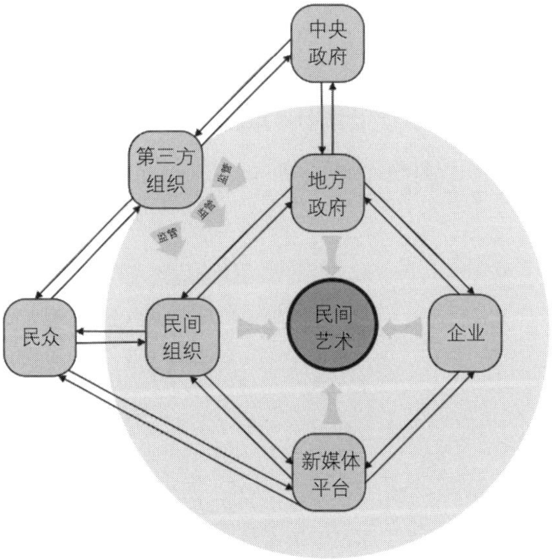

图8-4　第三方组织监管模式

与协调机制，确保各个主体按照国家的公共文化战略和意志开展工作，从而在稳定关系和有序执行中营造一个包容、合作和可持续的民间艺术保护与发展环境。

除了上述提及的模式之外，教育培训合作、研究合作、艺企合作以及国际合作等模式也能在民间艺术保护与发展工作中发挥重要作用。在选择模式时，可以根据具体项目的需求和参与主体资源的情况，灵活选择和执行。无论是哪种项目，只要坚持公平合作，即综合考虑多方利益，形成有效的协同效应，都能更好地推动民间艺术的保护与发展。

二、多元主体参与民间艺术保护与发展工作

当民间艺术的主体结构呈现出从单一主体朝着多元主体变化的特征，必然也将导致民间艺术的实践过程变得复杂化及多样化。那么如何开展多元主体在民间艺术保护过程中的合作模式？需要对多元主体参与民间艺术保护及发展的协同合作路径进行综合、系统设计（图8-5）。

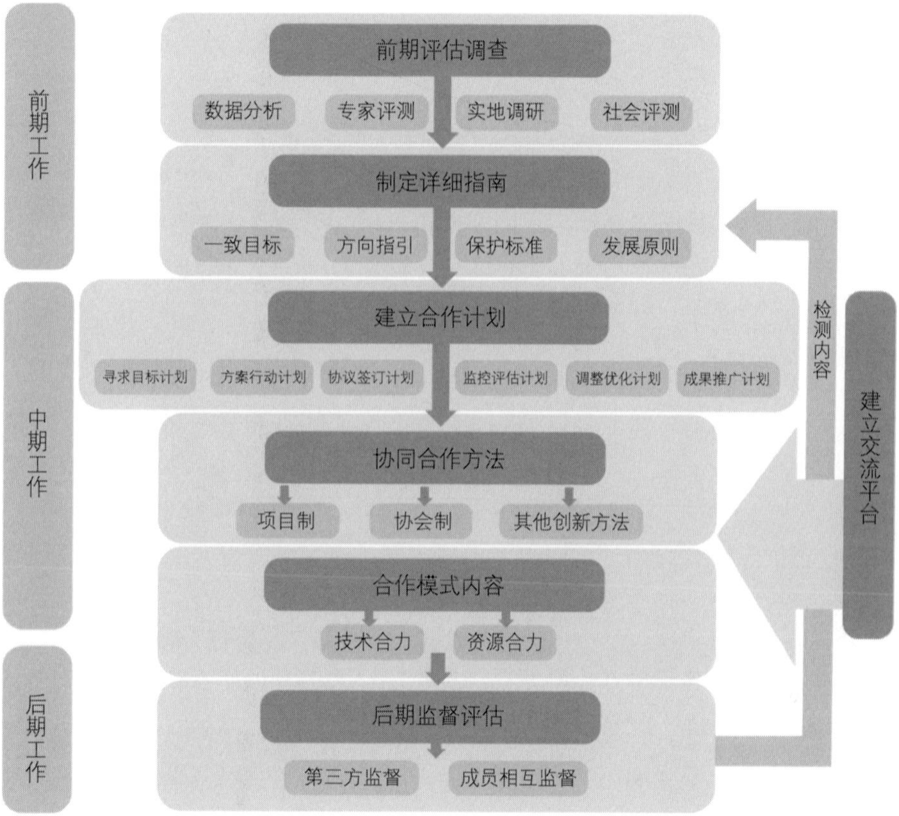

图8-5　合作路径设计

1. 前期评估调查：提供一个准确、综合的意见参考

前期评估调查主要旨在对合作模式的科学性、可行性进行全面评估，从而确定路径和方法。在一些社会及文化项目中，评估的内容涉及多个方面的考量，“主要侧重于对项目目的、项目计划、技术路线、活动内容、组成部分以及项目的可行性研究进行评估和审定。”[1]在民间艺术保护与发展工作中，开展高效、深入、全面的前期评估调查工作，可以为多元主体的协同合作奠定良好基础，为进一步优化和完善协同合作机制提供指导和参考。

1　王丽达，谭正琦，曹雄．社区参与湖泊保护理论与实践——云南省湖泊保护社区参与模式探索研究［M］．昆明：云南科技出版社，2009：182.

地方政府在前期评估调查中扮演着至关重要的角色，既是调查的实施者，也是协调者，需要全面观察和评估具体情况。为此，地方政府可以考虑设立专门的评估机构，如民间艺术公共事务管理部门或民间艺术评估调查部门。地方政府的前期评估调查工作主要包括需求评估、资源调查以及参与意愿等方面。首先是需求评估。专门的评估机构应该深入了解各参与主体参与民间艺术保护与发展工作中的实际需求，涵盖政绩、文化、经济、心理、娱乐等各方面的需求。其次是资源调查。评估机构需要评估多元主体的资源和能力，包括政府的政策支持能力、企业的资金和技术能力以及民间组织的人力资源等能力。最后是参与意愿。考虑到多元主体可能有不同的目标，评估机构需要与各方主体进行个别沟通，了解他们是否认同协同合作并愿意参与合作工作。除了了解主体意愿外，还应该调查他们所关心的问题，以进一步了解参与主体的实际情况。

那么可以采取何种评估调研方法？专门评估机构可以借鉴项目制评估调研方法。首先，在数据分析方面，可以采取以下两方面内容来评估合作模式的可行性。一方面，收集相关数据，包括该地区民间艺术项目数量、活动频率、参与人数、资金使用情况等指标；另一方面，对这些数据进行科学计算和分析，以预测协同合作的实际效果。通过深入分析数据，可以预测和调整协同合作运行机制，为进一步的工作开展及路径优化提供依据。其次，在专家评测方面，可以邀请学术专家组成评测团队，对协同合作的多元主体、合作过程以及学术影响进行评估调研。评测团队的成员可以重点指出未来协同合作可能遇到的难点，并提供建设性的问题意见和解决方案。当所有工作完成后，评测团队会综合各成员的评审意见，对协同合作的可行性进行综合评估。此外，社会评测也可以通过非官方组织、社会精英以及普通民众等社会群体的反馈来丰富评估材料，为工作开展提供更实际的意见和建议。

2. 制定详细指南：构建起一个具体、系统的制度框架

多元主体的合作模式首先应具备相关的制度支持。2010年6月3日，国家颁布了《非物质文化遗产保护政策法规解读》，明确提出非物质文化遗产保护应遵循“政府主导、社会参与，明确职责、形成合力”的工作原则。诸多地方政府相继出台了相关政策和条例以落实这一指导思想。例如，《贵州省

民族民间文化保护条例》（以下简称《条例》）于2002年7月30日经贵州省第九届人民代表大会常务委员会第二十九次会议审议通过，并于2003年1月1日起正式施行。该《条例》第四条明确强调，民族民间文化保护工作应坚守“保护为主、合理开发、政府主导、社会参与”的原则。2018年11月14日，北京市人大常委会党组就条例草案相关立法工作向市委常委会提交了报告，并受到指示，强调必须结合北京市非物质文化遗产的具体情况，坚持“政府主导、社会参与”，深入推进保护和传承工作，并促进“非遗”在创新中的转型和发展。在立法过程中，广泛吸纳代表和人民群众的反馈，共同为非物质文化遗产保护营造积极的社会环境。条例中指出政府不仅是非物质文化遗产保护的引领者，同时也是协调者，而社会组织和公众则是这一领域的参与者和实践者。在这样的框架下，条例呼吁政府与社会的共同合作参与，以形成保护工作的有效合力。

尽管目标、身份和责任已经明确，但是，对于如何具体实现这些目标、开展各项工作，即多元主体参与民间艺术保护的具体路径和内容，各项条例尚未提供明确且详细的解释。换言之，国家虽然在宏观层面上呼吁多元主体参与民间艺术的保护和发展，但在实践中如何开展合作模式，尚未有清晰的指示。究竟如何实现多元主体参与民间艺术保护的合作模式？如何明确多主体参与合作模式的目标和方向？这需要国家从目标一致性、方向指引、保护标准和发展原则等关键要素出发，构建一个具体、系统、灵活的制度框架。在这个框架内，国家及地方政府机构应牵头，构建有利于多元主体参与的政策环境，同时制定相关法规，保护各方权利和义务。总之，只有国家开始推动构建细致且具体的合作方案，才能提供必要的外部环境，为多元主体参与民间艺术保护与发展的活动提供更详尽的操作指南。

3. 建立合作计划：掌握一个高效、合理的工作节奏

优质的合作计划对于工作成效具有显著的推进作用。因此，在民间艺术的保护与发展工作中，我们应该在了解各方资源的基础上，建立一个包含不同主体的合作计划，具体包括确定合作目标、角色分工、合作机制、沟通渠道等内容，从而确保各参与主体都能在协同合作中发挥作用。

多元主体开展合作通常涉及一系列分阶段的计划设计，以保证合作的有

效性、高效性。这些计划大体可以分为以下过程：其一，寻求目标计划。即通过观察与调研民间艺术项目的资料、数据，以了解各方的参与需求和目标，从而识别潜在的合作伙伴。其二，方案行动计划。各个参与主体需要根据民间艺术项目制定合作框架，包括合作形式、管理结构、角色分配和合作范围。对于部分民间艺术活动的组织与开展，可以制定详细的行动方案，包括时间表、预算表和资源分配表等。其三，协议签订计划。需要根据主体诉求制定协议，就合作计划的具体内容与合作条件进行讨论并达成一致。其四，监控评估计划。各个主体需要设立项目管理团队，跟踪民间艺术项目的执行进度和资源使用情况。这一阶段，可以定期回顾工作情况，举行评审会议，在确保民间艺术项目按计划前进的同时，根据事先设定的评估标准，定期评估计划执行的成效和影响。其五，调整优化计划。基于监控和评估的结果，各个合作主体需要调整原有计划，解决实施中的问题，以提升效率和成效。其六，成果推广计划。各个合作主体通过会议、报告、媒体发布等方式，公开展示合作计划的结果。各个合作主体可以以案例研究、经验分享的形式，推广民间艺术项目成功的做法和经验。基于合作的成功经验，寻求拓展项目规模或新的合作领域。在实际操作中，每个计划都可能需要根据实际情况和合作主体的特点进行调整或细化。需要补充的是，这一过程中沟通与协调能力是整个过程中至关重要的。因此，需要保证一定的沟通与协同，以有效地解决冲突，确保合作顺畅进行。

总之，通过高效而精准的计划设定，诸多参与主体可以构建紧密的、平等的合作网络关系。在这一合作网络关系中，彼此的期望、需求与愿景被清晰阐述，铸就一个目标协同的共同体。在共同的目标被明确下来后，参与主体便可在尊重多元文化和不同观点的基础上持续深入的交流与磋商中共同规划计划准则和协商架构内容，确保每一步的行动都合理高效。可以说，通过合作计划的设定，可以促进各方协同合作、资源共享，最终以集体智慧和协同合作使民间艺术得到有效保护及合理传承。

4. 协同合作方法：依托项目制及协会制，实现高效合作与资源共享

在多元主体参与民间艺术保护与发展工作中，好的合作方法被认为是成功的关键。具体而言，好的合作方法不仅能够为多元主体参与民间艺术保护

与发展提供有效的组织架构和运作机制，还能使得各方主体明确共同的目标和利益，形成长期稳定的合作关系。在具体方法方面，就当前民间艺术现状及主体结构而言，可以尝试采用项目制及协会制方法。

（1）项目制

“项目制作为一种资源输入和利益分配方式的机制，大量社会资源通过项目制而得以充分汇集和整合。”[1]因此，国家开始将项目制列入文化治理的规划和行动之中，便于更好地汇集和整合人力、财力、物力。

在多元主体参与民间艺术保护与发展工作中，国家及地方政府可以定期发布针对某一地区或某一类别的技术合作项目，并为各参与主体提供申报窗口。这些项目不仅要设定明确的工作流程和规定，以确保多元主体协同合作能顺利进行，还要保证技术知识和社会资源的合理分享与应用，从而提高整个合作机制的透明度。国家及地方政府可以鼓励更多机构和组织参与申报，以拓宽合作主体范围。通过与更多机构和组织的联系，中央政府及地方政府可以促进各方之间的合作与共赢。为了确保合作项目的运作，中央政府及地方政府可以制定相应的经费使用条例和投入机制。值得强调的是，地方政府的文化和旅游部门应对合作项目进行宏观指导和行动监督，以确保项目始终符合国家文化方针，并始终坚持共建与合作的原则。同时，文化和旅游部门还应及时推广合作项目取得的经验与成果，以带动其他地区民间艺术保护与发展工作的进步。

一些相关企业和社会组织也可以针对某一地区或某一类别推出合作项目，通过技术、资源等优势吸引其他主体参与，并与之建立合作关系。这些企业和社会组织可以根据民间艺术类型的需求，主动提出科学合理、可行的合作内容。他们可以根据项目内容对报名主体进行选择，以确定具有共同目标且能够在功能互补方面建立合作关系的主体。同时，这些企业和社会组织可以召集各方主体进行项目内容、职责分工、行动策略等方面的沟通，协商解决可能存在的问题。为了更好地推进项目制工作，可以建立一个管理委员会。管理委员会需要完善各方利益合理表达的机制，定期观察和分析项目资

1　原超．理解“中国之治”：国家治理的制度逻辑及中国经验［M］．天津：天津人民出版社，2022：102.

料。例如，对各参与主体在协同合作下民间艺术发展的成果、经验和问题进行调研评估。这些资料可以整理成册，用于学术研究和实践参考，或者提供给其他合作项目进行信息共享。管理委员会通过经验总结、问题探讨，以形成良性循环的、可持续发展的合作项目发展模式。

（2）协会制

“行业协会治理是一种介于正式与非正式治理手段之间的治理方式，具有自愿性、同行业性、非营利性、合法性和自律性等特征。协会是集体行动的表达途径，根据成员的利益要求来行动。行业协会具有一定的权威性与强制性，承担着重要的产业链协调功能，如规范企业行为、联合开发市场、促进信息和知识扩散、集体维权等，促进企业间有序合作关系的建立和稳定。”[1]行业协会治理非常注重不同力量之间的沟通协调与持续互动。“具体表现为：行业协会治理强调会员与会员之间、协会与会员之间的关系协调；强调协会与政府、国家、非会员、消费者之间的持续互动和沟通。对应地，行业协会治理可以分为组织治理（内部治理）和行业治理（外部治理）两部分。”[2]

多元主体参与民间艺术保护与发展工作，建立一个民间艺术传承与发展协会是一种可行的方式。该协会由各多元主体代表共同组成，旨在维护参与主体的合法权益并实现共同利益。作为一个具有治理性质的行业组织，该协会可以协调各方的关系，以更好地推动民间艺术的传承与发展。以下是该协会可能包括的具体工作：首先，协会可以根据民间艺术发展的实际情况制定组织的规则与制度，并要求各主体自觉遵守，以确保民间艺术的传承与保护活动的规范化。其次，协会可以建立开展交流与合作活动的平台，为多元主体的协同治理奠定基础。这包括建立线上和线下的多渠道交流平台，举办会议、展览等活动，从而充分促进各主体之间的联系与合作。此外，协会还可以制定并实施培训计划，为民间艺术的传承与保护提供专业的技术指导和支持，从而提升各主体在民间艺术领域的专业素养和创作能力。同时，协会也应该承担宣传和推广民间艺术的义务，通过举办展览、演出、国内外交流等

1　张琰．生产性服务业创新问题研究——基于产业链协同创新的视角［M］．上海：复旦大学出版社，2012：125.

2　石碧涛．中国行业协会的转型与治理研究［M］．北京：冶金工业出版社，2018：21.

活动，增强社会各界对民间艺术的认知和欣赏。最后，协会应积极与政府、企业和其他相关组织进行对接和合作，共同推动民间艺术保护与发展的政策法规的制定与落实，争取更多的资金和资源支持。总之，通过组建这样的协会，可以促进各主体间的合作与协商，建立稳定的合作关系，推动民间艺术的繁荣发展。

需要补充的是，除上述方法之外，各参与主体需要在实践中不断探索新的多元主体合作方法。这不仅意味着各方主体要不断创新与尝试，探索如何与其他主体在共同合作中形成更大合力，还意味着要拓展协作的范围，激发更多主体参与民间艺术保护与发展的途径。

5. 合作模式内容：整合技术、资源，形成有效合力

合作模式需要确定参与民间艺术保护与发展的内容，这一点至关重要。具体的合作内容应该根据民间艺术的特点和未来发展的需求而定。目前，合作模式的内容可以包括以下几个方面。

（1）技术合力

技术合力是指充分发挥各个参与主体在技术中的功能与作用，以形成技术上的力量整合。技术合力强调多方主体在技术层面上的有效合作、协同创新，以达到提高工作效率、降低生产成本、增强竞争力等目的。

在民间艺术的保护与传承领域，国家与地方政府展现了其在项目统筹、资源配置、技能培训等方面的综合技术实力。特别是在国家层面，对民间艺术大数据资料库的搜集、整理与分析方面拥有先进的技术优势。长期以来，政府部门已建立起广泛而深入的民间艺术资料库，这些资料涵盖了民间艺术项目的演变史、传承人档案、实践区域等重要信息。地方政府则通过现代数字化技术对宝贵的民间艺术资料进行记录、保存和分享，从而使数字化技术在提升资料的获取性、传播效率和存档安全性方面发挥关键作用。部分地方政府还积极建立专属的民间艺术资源管理系统，对数字化信息进行系统化管理，实现更有针对性的民间艺术传承与推广。在民间艺术的产业发展方面，企业运用自身掌握的制作技术、营销策略及研发能力，助力民间艺术融入现代市场。企业的专业技术不仅保护了传统工艺，还为其注入了创新元素，使之更符合现代市场的需求。企业拥有的营销和品牌推广的专业技巧，通过互

联网、社交媒体、电视广播等多元渠道，有效地将民间艺术的价值传递给了更广阔的受众，从而拓展了市场边界。在这一体系中，传承人是不可或缺的核心力量。他们精通传统手艺、掌握传统技艺，使得民间艺术能够代代相传。传承人通常在师傅的指导下或通过家族内部传承，掌握关于材料选择、工具运用、技巧和制作方法等方面的宝贵内容。

可以看到，各个主体都具备不可取代的价值，只有通过各方的分工协作和技术互补，才能构建多元化的民间艺术保护和发展基础格局。只有多元主体的技术力量汇聚在一起，才能形成一股强大的合力。这种合力不仅能够有效地整合技术和创意资源，还能够加速推动创新和发展的步伐，为民间艺术的可持续未来奠定坚实的基础。

（2）资源合力

资源合力指的是通过整合各种资源，不限于人力、物力、财力等，以实现特定目标或完成任务的合作力量。为了巩固民间艺术的保护与传承机制，可以充分整合各个参与主体的资源。国家、地方政府资源主要指中央政府、地方政府部门或公共机构提供的支持，诸如政策发布、经费投入、人才培养和文化传播等内容，旨在满足公共需求、提升民众生活质量，同时推动经济和社会的协调发展。在民间艺术的抢救、保护中，这些政府力量能够提供必需的基础环境和支援保障，解答传承过程中可能遇到的难题，并确保民间艺术得以安全地传递给更多民众。市场资源则涵盖企业在市场经济体系中所积累的资料、专业技能、产品创新、营销网络和市场信息等。企业凭借其在市场经济中的敏感性和活跃性，吸纳了一大批工艺技术、媒体营销和创意设计人才，为民间艺术注入活力，打开销售和推广的新渠道。通过企业收集的销售数据、市场分析和消费者行为信息，民间艺术的保护与发展工作能更精确地针对市场需求，实现文化遗产的经济价值和社会价值的有效联结。社会资源则是指社会各界提供的支持和参与，包括非政府组织、社区团体、个人志愿者以及文化爱好者等。他们通常在民间艺术的实践和推广活动中发挥着基础和桥梁作用，比如组织展览、演出、工作坊，以及社区教育项目等。那些深耕于民间艺术领域的文化工作者和爱好者，凭借自身的人际网络与知识积累，构筑起了一张值得信赖的社会资源网络。总之，只有充分协调政府、市场以及社会等资源，才能够真正形成对民间艺术保护与传承活动的有力支持。这样的整合需要建立在相互尊重与信任的基础之上，通过开放的对话和合作来实现资源汇集与共享。

需要补充说明的是，民间艺术保护与发展是一个灵活多变的过程，因此，对于多元主体合作模式的具体内容，可以能够根据民间艺术的保护及发展需求，不断更新、调整。

6. 建立交流平台：促进合作网络的扩展与深化

借助“互联网+”技术，有必要构建一个多元主体协同合作的网络平台，为各参与主体提供交流、合作及发声的机会。这个平台可以在垂直和水平上形成多层级的合作链。在垂直方面，中央政府、地方政府与民间主体可以实现紧密联结，形成一种纵向的合作模式，使各级政府部门与实践主体之间的信息流动更加畅通，资源共享更加高效。而水平方面的合作则涉及同一层面内的不同参与者，比如多个企业或多个传承人之间的协作。这种高水平合作能够促进资源的互补和经验的共享，推动民间艺术保护与传承工作的深入发展。在实践中，这两种合作方式往往相互交织，共同促进了合作网络的扩展与深化。

具体而言，这个多元主体协同合作网络平台可以提供多种服务：首先，通过网络平台可以促进各主体之间的交流和协作，推动民间艺术的繁荣发展。通过平台交流，各主体可以更加方便地寻找到合作伙伴，即通过平台的交流活动促进同一目标下的个体或团体发现彼此，并有序地进行匹配与结盟，这样不仅能够加深相互之间的理解和信任，还可以织就一张利益均衡、相互支持的合作网。其次，平台可以为各主体提供展示机会，在平台上让各主体寻找协同合作伙伴。平台可以为参与民间艺术项目的各主体提供展示空间，包括介绍、特色和功能等方面的展示内容。主体可以在介绍中说明自己擅长和关注的民间艺术项目，并以项目为背景阐明自己的诉求、路径和方向。各主体可以通过展示，在平台上积极主动地与其他主体联系，通过协商和沟通的机会建立合作关系，最终形成一个协同的网络。再次，这个平台也可以为各主体提供一个互相学习和借鉴的机会，推动民间艺术领域的创新和发展。具体而言，平台可以推出线上学习会议、线下培训活动等，这些都能促进知识交流、信息共享，协调各方面的行动，形成良好的学习环境。最后，平台可以为民众提供发声的机会。为了确保民间艺术的实践真正服务于广大民众，平台赋予参与民众表达喜爱度和满意度的权利。在民间艺术的策划和学术活动中，平台应要求民众代表参与，并为他们提供充分的发言机会，确保他们的声音被听到和重视。此外，在组织、筹备和推广民间艺术活动时，平台应该对广大民众信息公开，让他们了解项目的进展和相关信息。同时，平台还可以设立网络信箱、举报平台等渠道，以便民众能够方便地提出意见和反馈，及时发现和解决民间艺术项目中存在的问题。总之，建立一个专门的技术交流和协作平台，可以促进参与主体之间的合作与交流，营造长期稳定的合作网络。

7．后期监督评估：为民间艺术的持续发展提供指导和支持

监督是检验多元主体协同合作工作是否有效保护和传承民间艺术、解决当前实际问题的重要手段。监督的具体执行需要由第三方监控和成员之间的相互监督来进行，分为两类：第一类监督是通过引入第三方监控机构来实施。这些监督机构可以是独立的非政府组织或专家团队，负责对多元主体协同合作项目的执行过程进行全面监督和评估。他们将审查协同合作的进展和成效，并确保各主体遵守合作协议，履行责任，以达到有效保护和传承民间艺术的目标。同时，监督机构还可以收集和分析相关数据和信息，向政府、社会和公众提供监督报告，以推动改进和优化协同合作的过程。第二类监督是成员之间的相互监督。在多元主体协同合作网络中，各合作主体应建立透明、公正的机制来相互监督。他们可以共同制定合作规则和标准，建立反馈和评估机制，确保各方都遵守协议，及时解决潜在的矛盾和问题。成员之间的相互监督可以通过定期会议、进展报告、共享数据等方式开展，以确保合作的高效进行，并保证民间艺术得到充分保护和传承。这两类监督方式的有效运行将有助于保持多元主体协同合作网络的稳定和健康发展。通过引入第三方监控和成员之间的相互监督，可以确保各主体按照既定目标和原则合作，解决问题，共同推动民间艺术事业的发展。

评估是总结多元主体合作经验，并评判其是否适应未来发展的有效方式。第三方机构和专家可以对多元主体协同合作的过程和成效进行评估，以了解存在的问题，为后续工作提供案例支持和指导意见。评估机构和专家通过数据分析、业内评测和社会评测等综合方法，全面了解协同合作的成效和问题，并评估多元主体参与民间艺术协同合作模式是否符合当前治理机制，是否为国家探索多元治理、维护社会秩序等热点问题提供助力。此外，普通民众也可以对多元主体开展的民间艺术活动进行评估与预测，包括对活动的期望度和合理性进行测评，并根据自身的文化需求提出意见和建议。为了收集更多的评估内容，可以开设网络平台，接收各类匿名意见反馈。最终，所有评估材料可以总结成项目报告，为战略方向或工作机制的调整提供材料，同时为协同合作的优化提供意见。

三、合作模式中各个主体之间的关系

多元主体在民间艺术保护及发展工作中的关系可以根据项目、环境及内容的不同而有所区别，但主要可以概括为以下几种关系。

1．平等关系

建立在平等关系上的多元主体合作模式，是参与民间艺术保护中最理想的状态。在这种合作模式中，参与的各个主体作为伙伴关系，基于平等的原则，相互尊重，相互依赖。各个主体根据各自的资源优势、专业技能和能力，进行互补合作，共同推进民间艺术保护与发展的宏伟目标。其中，中央政府和地方政府可以为民间艺术创造支持性政策环境，企业和商业实体可以贡献必要的资金支持，专业的民间艺术团体和个人艺术家则提供宝贵的专业知识和手艺传承。各个主体根据各自的优势，在互信共赢思想引导下，共同朝着统一的目标奋斗。

在建立平等关系的过程中，重要的是确保每位成员都以公正和积极的态度投入合作中，这样才能保证合作过程中的决策和执行都是客观和公正的。如果缺失客观和公正，“这种合作关系并不是基于平等关系，特别是在草根组织同政府的合作过程中缺少话语权，难以对自身的角色功能和项目计划进行发声，极易沦落为政府贫困治理的附庸”[1]。那么，如何保持客观与公正，

1　黄承伟. 社会组织参与贫困治理的路径选择［M］. 北京：研究出版社，2021：228.

从而建立平等关系？一方面，建立一个基于平等合作的标准化框架是至关重要的。在这样的合作平台上，对保护主体的评价应建立在平等和包容的思维上，建立一个支持多样性的审美和创作环境，从而激发更多的参与和创新。另一方面，设立独立的监管机构或评审委员会，监控和评估每位成员的工作投入和产出是必要的。通过定期的评审和反馈机制，不仅能及时识别和解决合作中的问题，还可以采纳第三方审核或公众监督的方法，以确保合作的透明和正当性。通过这样的互相监督和真诚的尊重，可以构建一个有效、公正和透明的平等合作环境。这种监管体系有助于平等关系的建立与维护，从而提升合作的整体效率。

总之，在基于平等的合作框架中，相互尊重是确保合作公正、高效的关键。透明度和正义性的保障必须伴随着合作各方主体所贡献的人力资源和物质资源的相匹配。这种尊重包括保证合作协议履行无误，监督和确保合作带来的收益得到公开和公平的分配，保障每位参与者的合法权利得到尊重和保护。

2. 主次关系

在民间艺术保护项目中，各个参与主体可以存在主次关系。“各主体之间的关系除了平等的一面，也还有主次之分。这一主次关系的存在便使得主体之间的协调有了客观基础，因为各主体在集中和使用自身财力的时候，必须服从一个共同的根本利益，否则就会呈现出无政府状态。这一共同的根本利益的存在，制约着经济利益在各主体之间的分配与转移，以及各主体在经济活动中的协调配合。”[1]在一些民间艺术项目保护工作的开展中，一些主体可能在资源、经验或技术等方面具有更强的能力和优势，而其他主体可能相对较弱。在这种情况下，一些主体可能会愿意作为次方参与到保护项目中，接受其他主体的指导、支持。在保持主次关系时，关键是确保主次主体能够获得合理的权益。这可以通过制定合理的协议、合同来确保各主体的权益得到保护。协议中可以明确约定主次主体的角色、责任和权益，并确保他们有适当的参与决策和资源分配的权利。同时，保持主次关系的主体应该有机会

1 梁尚敏，杨灿明. 综合财政概论［M］. 北京：中国财政经济出版社，1988：41.

发展自己的能力和资源，以实现可持续的发展。这可以通过提供培训和支持机会，帮助主次主体提升自身的技能。此外，促进信息共享和经验交流也是确保主次主体能够在合作中获得成长和发展的重要途径。然而，需要强调的是，保持主次关系并不意味着一方的完全依赖和被动接受。次主体应该被赋予一定的自治权和自主权，有权参与决策过程和项目管理，以确保合作的平等性和可持续性。

随着社会各界对民间艺术参与行动的持续推进，建立现代化的权力结构成为主次关系的重要前提。在一些民间艺术项目的保护过程中，中央政府和地方政府有责任思考如何更灵活地将权力分配给民间艺术组织、民间精英等次主体，从而鼓励次主体在民间艺术的保存和发展中发挥更大的作用。当权力分配得当且相对公平时，将激发更多的次主体积极参与民间艺术的创新与保护。而在某些情况下，这也能够为多元主体提供参与公共治理的强大动力，创造一个无约束、多元驱动的发展生态系统。

尽管在民间艺术保护项目中可以存在主次关系，但参与主体之间的关系必须是基于自愿和相互尊重的基础上建立的。各主体的权益和利益应该得到保护，并为次主体提供发展和参与的机会。只有通过合理的权力分配，构建公平合理的合作框架，并在其中灵活地促进各方合作，我们才能够在新时期为其保护与发展工作注入新的活力和创意。

3．竞争关系

“多元治理主体在发挥作用的过程中并不是互不相关的，而是存在着相互联系、相互作用、既合作又竞争的关系。”[1]为了确保主体之间在民间艺术项目中的协同合作能够达到最佳效果，建立良性的竞争机制是一种创新的尝试。

竞争关系一方面可以最大限度地优化资源和流程等工作实践内容，推动民间艺术项目的有效保护和健康发展。当主体之间在民间艺术项目执行时存在一定的竞争关系时，他们会更加注重资源的高效利用，努力提高自身的竞争力，避免浪费和低效率的现象。例如，同一民间艺术机构在参与同一项目

1 范俊玉．区域生态治理中的政府与政治［M］．广州：广东人民出版社，2011：128.

的活动展演中，他们都会优化展演的配置，提升展演的质量，确保资源得到充分利用，为自身在民间艺术保护工作提供更好的支持。另一方面可以通过绩效评估刺激竞争，激发各主体之间的积极性和创造力。当主体之间在民间艺术项目的执行中存在竞争时，他们会不断探索新的创意和方法，以寻求在民间艺术保护领域的突破。例如，在一些工艺类民间艺术项目的创作者中，存在竞争关系的不同主体将不断在工艺上进行创新性设计和多样性尝试，从而丰富保护项目的内容和形式。可以说，当多个主体都参与同一领域的民间艺术保护工作时，他们之间的竞争可以激励彼此努力进步以获得更好的成果。总之，竞争可以激发主体不断改进技术、提升服务质量，从而提高整体的保护水平。

但是，我们需要注意的是，在推动竞争的同时，维护参与主体之间的友善关系也非常重要。特别是在项目合作的过程中，因为竞争往往会带来争夺资源和相互对抗的局面，因而需要特别留意权利平衡，杜绝任何形式的垄断现象，确保民间艺术的资源和生态不被单一力量控制，以免影响整个文化传承的多样性和活力。为此，可以通过适当的组织和机构对参与主体的竞争活动进行监管，或者通过契约或协议的形式对竞争内容进行规范。适当的监管和规范机制可以确保竞争的公平性和合理性，以防止不健康的竞争对民间艺术保护工作带来负面影响。只有这样，才能确保各参与主体的权利和责任得到妥善认可，确保他们的协作和贡献得到适当的承认和奖励。

总之，主体之间的竞争关系是一种创新的尝试，即通过适度的竞争促进资源的合理配置和有效利用，激发主体之间的创新性和多样性，同时以适度的竞争实现良性互动和相互制衡的目标，确保合作是健康而公正的。

第四节 本章小结

总的来说，民间艺术的保护与发展需要多元主体共同参与的协同机制及合作模式。在这个协同机制中，各方主体朝着共同目标，明确界限，合理分工，各司其职，同时密切联系，互补合作，有条不紊地开展着民间艺术的保护与发展工作。当然，为了建立协同机制，我们有必要依循法治和民主原则规范各方主体行动，引导各方主体朝着共同目标开展工作。同时，通过创建和推广符合各方主体需求的民间艺术项目，以满足并平衡所有参与主体的利益。总之，我们所希望的是，不同参与主体的类型、特点、动力因素、效果各有不同，但是彼此之间能通过协同机制及合作模式形成了一种稳定的共同体关系。这种共同体关系有利于有效避免权力的滥用，使各主体在尊重对方权益的情况下开展工作。这不仅降低了旅游市场决策运行风险，助力了乡村文化治理、旅游市场建设，同时还调节着各主体之间的关系，妥善地维持着乡村社会秩序的稳定。

9 第九章 总结与思考

民间艺术作为我国传统文化的重要组成部分，承载着丰富的历史和文化内涵。从古至今，它们既是民族文化认同的象征，也是国家软实力的重要体现，更是乡村振兴和文化传承的重要动力。应当如何更好地保护与发展民间艺术，从而实现对民间艺术的有效传承？本书从多元主体视角，着重分析了中央政府、地方政府、企业、社会精英、民间组织、民众、新媒体平台等主体力量参与民间艺术的职责、过程及功能，并尝试建立多元主体协同机制及其合作模式，为民间艺术保护与发展工作提出建设性意见。

当然，建立多元主体协同机制及其合作模式的重大意义不仅体现在民间艺术的保护与发展上，还体现在公共文化治理、权力结构调整及和谐关系建构等方面。

一、公共文化治理

随着时代的发展和观念的更新，国家对公共文化的角色从直接管理者转变为治理者。治理不同于单一的管理行为，更侧重于包容多方主体的广泛参与和合作。这种基于多元参与的协同治理模式，有助于提升社会福祉，优化公共文化服务，同时促进公共文化的可持续发展。然而，问题在于，我们该如何有效营造多元主体间的协同治理？有哪些手段能建立起促进文化保护及发展的环境？拓展应用治理理论和实践案例于公共文化领域，不仅能够试验多元主体参与的可行性，而且还能探索国家治理理念转变的成效。

目前，多元主体参与民间艺术保护与发展已经形成了广泛的公共文化治理范式。多元协同治理的实践案例为我们国家公共文化治理和改革提供了宝贵的研究素材和方法论。通过这些案例探索公共文化治理的实际情境，有助于推动多元主体参与文化建设的前进步伐。在许多成功的实践中，我们见证了国家、地方政府、民间艺术组织、新媒体平台和民众等多方主体，通过合作与互动，实现了民间艺术的创新和多样化，既解决了现实问题，又提升了治理效能。成功案例的核心之一是因地制宜，建立多元主体的参与机制。在这一机制中，官方机构如国家和地方政府等通过纵向介入来履行公共文化职能；同时，横向利益相关者，如企业、民间组织和民众等，贡献其独特的文化价值与能量。第二个关键要素在于，根据民间艺术的独有特性，打造有效的文化保护和发展环境。多元主体协同的治理模式，与当前的公共文化治理环境紧密相关。观察成功案例，我们可以发现治理环境均体现了民主化与现代化的结合。民主化激发了参与主体的积极性，现代化则提高了各方的治理能力。这样的环境既为多元主体的参与提供了必要条件，也为构建多元化治理体系奠定了坚实基础。此外，有效的治理策略还包括对治理过程进行适时的评估与调整，确保多元治理模式符合治理目标，排除潜在问题。

总之，多元主体协同治理的重要性不仅在于保护和发展民间艺术这项珍贵的文化遗产，更在于通过实践检验这种参与模式是否能够实现公共文化治理的优化。通过这样的实践，我们可以提炼有效治理的经验，为国家公共文化治理提供指导，从而进一步推动公共文化的可持续和健康发展。

二、权力结构调整

民间艺术的保护和发展工作必须包含多种参与主体，建立一套有效的多元主体协同治理机制及合作模式将不可避免地调整和变革参与主体的权力结构。一方面，作为传统治理主体的国家将对权力结构作出合适的调整，包括向其他主体放权，实行分权和赋权。国家需要在权力分配上进行制度性设计，重新考虑职能分工和权力运行机制。国家需要按照制度设计，根据不同主体的特征和职责，建立明确的“权力清单”，对参与主体的职责、能力和权限进行明确划分。也就是说，国家借助对民间艺术的保护与发展实践，将逐步界定不同参与者的权力边界。同时，国家还需面对公共文化领域多头治理的问题，对权力进行合理整合，确保治理行为的统一性。在提供政策与财政上的支持时，还应为各个参与方的权力合理行使提供行动保障，激励其积极参与。此外，国家进行必要的培训，确保各主体在文化治理中的权责明晰，并以此提高治理效率。另一方面，民间参与主体获得治理权力，重新界定自身的角色及相关职能。经过权力结构的重新调整，企业、传承人及民众等参与主体从国家、地方政府获取文化治理的权力。这一调整，不仅促使各个参与主体明确权力，分享权力，均衡权力，避免了民间艺术的保护与发展实践中存在的各个主体冲突、建设管理混乱等问题，还使得各个参与主体的积极性被充分调动，从而在权力等均性基础上将权力合理使用，达到多元主体共同利益最大化的目标。

三、和谐关系建构

在当前的民间艺术保护和开发过程中，多元主体的共同参与正在逐步形成一种稳定的关系。通过调整权力结构，“治理主体的组织结构从单向度的垂直线性结构转变为交互性的扁平化网络结构”[1]。换句话说，多元主体参与民间艺术保护与发展的实践中，不再是传统线性的命令与服从的垂直关系，而是形成了平面的平等与互惠的网络关系。通过从垂直关系向网络关系的转变，我们建立起了一个公共关系网络。各个参与主体需要依赖这种组织化的网络关系来开展活动。具体而言，各个主体通过共同的目标和行动在关系网络中相互联系，并通过有效、透明的商议、决策、监督和评价过程来协调彼此的关系。这种符合治理主体多元化特征的网络关系，不仅有效缓解和调和了各主体之间的接触，还制约了某一主体的权力滥用或责任逃避，从而保障了公共利益。可以说，这种稳定的网络关系是公共文化内外协同治理机制的关键基础，对于实现社会整合和构建社会共同体，以及进一步完善国家的善治机制具有重要意义。

1　蒋庆荣. 中国高等职业教育治理模式研究［M］. 长春：吉林大学出版社，2021：122.

参考文献

[1] 钟敬文. 民俗学概论 [M]. 上海：上海文艺出版社，1998.

[2] 王衍军. 新编中国民俗文化 [M]. 广州：暨南大学出版社，2022.

[3] 张如画，吴琼，余娟，等. 装饰图案[M]. 北京：中国青年出版社，2020.

[4] 田特平. 湘西民间艺术概论 [M]. 长沙：湖南师范大学出版社，2013.

[5] 中央工艺美术学院. 工艺美术词典 [M]. 哈尔滨：黑龙江人民出版社，1988.

[6] 张道一. 张道一文集 [M]. 合肥：安徽教育出版社，1999.

[7] 韩超. 张道一学术思想研究 [M]. 北京：文化艺术出版社，2020.

[8] 萧璇. 国家视野下的民间音乐——花儿音乐的人类学研究 [M]. 北京：社会科学文献出版社，2013.

[9] 朱咏北. 非遗保护视野中的湖南花鼓戏研究 [M]. 南京：东南大学出版社，2020.

[10] 魏爱棠. 加礼的记忆：泉州提线木偶戏的遗产认同研究 [M]. 北京：北京大学出版社，2015.

[11] 李煞. 华灯下的田野——少数民族文艺会演研究 [M]. 北京：中国传媒大学出版社，2009.

[12] 朱乐. 钱塘余韵——非遗文化传承下的声腔艺术研究 [M]. 北京：中国书籍出版社，2023.

[13] 刘卫红，彭小希，况成泉. 寻根传舞——重庆舞蹈文化遗产的保护与传承 [M]. 北京：北京理工大学出版社，2015.

[14] 冯骥才，李跃忠，白庚胜，等. 灯影里舞动的精灵——中国皮影 [M]. 哈尔滨：黑龙江人民出版社，2006.

[15] 广东省人民政府文史研究馆. 广东省民间艺术传承人志 [M]. 广州：中山大学出版社，2016.

[16] 黄静华. 日常生活视阈中的民间艺人研究 [M]. 北京：中国社会科学出版社，2017.

[17] 李丽珍，王丽娜，李霞，等. 湘南民间艺术的高校课堂教学实践研究 [M]. 成都：西南财经大学出版社，2021.

[18] 金晨怡，程巍．绣中格韵——浙江地区刺绣艺术创新人才培养理论与实践研究［M］．北京：中国纺织出版社，2023.
[19] 张洋．民间文学艺术权利主体问题研究［M］．北京：中国政法大学出版社，2016.
[20] 马志飞．马街书会民间曲艺活动的社会机制研究［M］．郑州：郑州大学出版社，2015.
[21] 任进．行政组织法研究［M］．北京：国家行政学院出版社，2010.
[22] 包智明．内蒙古生态移民研究［M］．北京：中央民族大学出版社，2011.
[23] 常雪松，张磊．薪酬体系设计实操全案［M］．北京：中国铁道出版社，2020.
[24] 杨卓舒．中国市场经济大辞典［M］．北京：中国经济出版社，2000.
[25] 乔桂明．文化产业的金融支持与服务创新［M］．苏州：苏州大学出版社，2013.
[26] 夏征农，陈至立．辞海（第六版彩图本）［M］．上海：上海辞书出版社，2009.
[27] 乔运鸿．乡村治理：从二元格局到农村社会组织的参与［M］．北京：中国社会出版社，2016.
[28] 王文然．珠江三角洲民间乐社“私伙局”研究［M］．北京：中国书籍出版社，2022.
[29] 王登佐．盐城县域民俗文化建设研究：以盐都区图书馆的探索为例［M］．苏州：苏州大学出版社，2020.
[30] 洪石．中国漫画艺术论［M］．长春：长春出版社，1991.
[31] 夏华丽．论非物质文化传承人的保护［M］．长春：东北师范大学出版社，2018.
[32] 方杲．非理性人类认识之翼［M］．北京：社会科学文献出版社，2022.
[33] 张和清，许怡，徐岩．行动·反思·成长：中山大学社会工作优秀论文选集［M］．北京：社会科学文献出版社，2015.
[34] 胡易容，陈文斌．当代马克思主义符号学思潮文选［M］．成都：四川大学出版社，2016.
[35] 费孝通．论人类学与文化自觉［M］．北京：华夏出版社，2004.
[36] 许江．农民画时代：全国农民绘画作品集［M］．杭州：中国美术学院出版社，2010.
[37] 布迪厄，华康德．实践与反思［M］．李猛，李康，译．北京：中央编译出版社，1998.

[38] 周宪. 当代中国的视觉文化研究 [M]. 北京：译林出版社，2017.
[39] 张兴华. 詹姆逊后现代空间理论视野下的当代视觉文化研究 [M]. 北京：北京理工大学出版社，2017.
[40] 石奕龙. 文化人类学导论 [M]. 北京：首都经济贸易大学出版社，2015.
[41] 田艳. 少数民族非物质文化遗产传承人法律保护研究 [M]. 北京：中央民族大学出版社，2017.
[42] 董晓萍. 民俗非遗保护研究 [M]. 北京：文化艺术出版社，2016.
[43] 黄成凤. 协同共生——治理体系现代化校本实践 [M]. 成都：四川大学出版社，2023.
[44] 罗树杰. 传统节日的生命力——广西虎村彝族跳弓节的个案研究 [M]. 北京：知识产权出版社，2015.
[45] 汪建昌. 区域行政协议的运行机制和实现路径研究 [M]. 南京：东南大学出版社，2021.
[46] 杨莉虹. 多元视角下旅游产业发展研究 [M]. 长春：吉林人民出版社，2021.
[47] 吴大华. 法律人类学论丛 [M]. 北京：中央民族大学出版社，2022.
[48] 高英慧. 基于利益相关者的地方政府债务风险及其治理研究 [M]. 沈阳：辽宁大学出版社，2018.
[49] 原超. 理解"中国之治"：国家治理的制度逻辑及中国经验 [M]. 天津：天津人民出版社，2022.
[50] 张琰. 生产性服务业创新问题研究——基于产业链协同创新的视角 [M]. 上海：复旦大学出版社，2012.
[51] 石碧涛. 中国行业协会的转型与治理研究 [M]. 北京：冶金工业出版社，2018.
[52] 黄承伟. 社会组织参与贫困治理的路径选择 [M]. 北京：研究出版社，2021.
[53] 梁尚敏，杨灿明. 综合财政概论 [M]. 北京：中国财政经济出版社，1988.
[54] 范俊玉. 区域生态治理中的政府与政治 [M]. 广州：广东人民出版社，2011.
[55] 蒋庆荣. 中国高等职业教育治理模式研究 [M]. 长春：吉林大学出版社，2021.
[56] 王丽达，谭正琦，曹雄. 社区参与湖泊保护理论与实践——云南省湖泊保护社区参与模式探索研究 [M]，昆明：云南科技出版社，2009.

后　记

本书在撰写之初，有幸入选了2020年教育部人文社会科学研究一般项目（20YJC760122）。在过去的5年中，笔者严格按照项目预期拟定的实施方案，进行了系统、深入的研究。笔者在执行与研究过程中时常遇到难题，如信息获取困难、文化载体流失过快、相关文献资料不足等，但通过课题组成员的共同努力，以及外请专家的指导，突破了研究上的瓶颈，最终完成了这一成果。诚然，现成果依然存在着一定不足，尤其是随着研究的深入，笔者所关注的对象不止于传统村落地区、少数民族地区，而开始扩展至一些城市，造成在研究对象方面的偏差。此外，笔者在政策解读、协同发展模式等方面的研究深度仍有挖掘空间。在此，笔者希望得到各位读者、专家的宽容和谅解，并渴望有机会加入该领域专家学者的团队继续开展研究。

感谢田野考察中遇见的每一位受访者。因为他们的善意和帮助，本书才能完成。尤其是几位年已古稀的老人，他们提供了许多宝贵的田野材料。感谢文旅局、住建局、民宗局、档案馆等部门的工作人员。他们不厌其烦地忍受笔者的“骚扰”，提供了宝贵的一手资料。

感谢家人、朋友的鼓励、理解与分担。

最后，感谢始终在摸索与坚持的自己。笔者出生在湘南县城，自小便被当地精彩纷呈的民间艺术项目所吸引。从一名美术特长生成长为一名高校艺术专业教师，从本科论文、硕士论文到博士论文，求学及研究之路始终贯穿着民间艺术项目的传承与演变。本书是这些年来学术研究成果的汇总与呈现，描述和论证有不到位之处，还望读者包涵。

杨帆

2024年6月24日